Walther Cormann **Psychotherapie der Selbstorganisation**

Walther Cormann

Psychotherapie der Selbstorganisation

Systemisch-integrative Therapiekonzepte der Persönlichkeitsentwicklung – mit vielen Praxisbeispielen, Übungen und kommentierten Fallberichten

Bitte fordern Sie unser Gesamtverzeichnis an:
Cormanninstitute Verlag für systemische Praxis
Schneehalde 48
D-88131 Lindau
www.cormanninstitute.de

Umschlaggestaltung und Satz:
Q|bitz-Gestaltung, Karsten Kubitz, Lindau
Druck und Bindung: Druckerei Hofle, Dornbirn (A)

Erste Auflage, 2006
ISBN 13: 978-3-939640-20-2
ISBN 10: 3-939640-20-4

Danksagung

Mein Dank gilt in aller erster Linie meinen Eltern, die mich bei allen wichtigen Entscheidungen in meinem Leben immer liebevoll unterstützt und mir viele Lernprozesse ermöglicht haben. Meiner Familie danke ich ganz besonders herzlich für die Zeit, die sie mir gegeben hat wie ein Geschenk, um dieses Buch schreiben zu können und meiner Frau Sabine für ihre bedeutungsvollen Anregungen, Fragen und Kommentare.
Ich bedanke mich bei meinen wichtigsten Lehrerinnen und Lehrern für ihre Weisheiten und reichen Lebenserfahrungen, die sie in ihre Weiterbildungen eingebracht haben und durch die ich mich persönlich und fachlich weiterentwickeln konnte. Besonders hervorheben möchte ich Virginia Satir, Martin Kirschenbaum, Gunter Schmidt, Gundl Kutschera und Albert Pesso.
Meinen Klienten, Kunden und Weiterbildungsteilnehmerinnen und -teilnehmern gebührt mein Dank. Mit ihnen gemeinsam war es möglich, immer wieder neue Erfahrungen zu machen und neue Wege zu gehen, mit dem Ziel, größtmögliche Erfolge für ihre Absichten zu erarbeiten.
Schließlich danke ich Marion Trutter für ihre kompetenten Textkorrekturen und guten Formulierungsvorschläge.

1. Einleitung

Wir leben in einer Welt, in der Eigeninitiative, Selbstverantwortung und Entwicklungsfreude einen wichtigen Stellenwert erlangt haben. Persönlichkeit ist gefragt und hierzu gehört unzweifelhaft die Fähigkeit, sich seiner Potenziale und Ressourcen bewusst zu sein oder zu werden. Selbstorganisation ist ein aktiver Prozess, bei dem das Individuum sich aus sich selbst heraus weiterentwickelt, sich sozusagen selbst gestaltet und verändert. Sich immer wieder neu zu erfinden und somit in die Lage zu kommen, die Herausforderungen des Lebens zu meistern und an ihnen zu wachsen, ist eine Kernkompetenz in einer sich immer schneller wandelnden Gesellschaft. Anstatt auf Orientierungsvorgaben durch öffentliche Instanzen vergeblich zu warten, ist es für die eigene Lebensplanung und -gestaltung von großer Bedeutung, sich der eigenen Orientierungen klar zu sein und diese mit der subjektiven Bedeutungszuschreibung über relevante Lebensbereiche in Einklang zu bringen.

Das vorliegende Buch möchte Impulse geben für kreatives Denken und Handeln bei der Beschäftigung mit sich selbst. Es soll zu Veränderungen beitragen, um den Herausforderungen des Lebens gewachsen zu sein, seine eigenen Ziele zu erreichen und sich als erfolgreich zu erleben – was immer das für den Einzelnen bedeuten mag.

Das Buch will die Wertschätzung und Herzlichkeit für sich und andere stärken und Zuversicht ausstrahlen. Theoretische Inputs werden ergänzt durch ganz konkrete Praxisbeispiele aus dem therapeutischen Alltag, in dem das Thema Persönlichkeitsentwicklung zum Kernthema geworden ist. Die Leserin und der Leser werden immer wieder eingeladen, durch kurze Übungen die Entwicklung oder Stabilisierung der eigenen Selbstorganisationsprozesse zu fördern und weiter auszubauen. Die Zielsetzung besteht dabei darin, sich selbst näher zu kommen und mehr Empathie und Wertschätzung für sich zu entwickeln und zu empfinden.

Beschäftigte in den sogenannten helfenden Berufen werden überrascht sein über die große Anzahl inspirierender Vorschläge für die eigene Praxistätigkeit – sei es in der Beratungsstelle, im Kindergarten oder im Klinikalltag.

Sie finden Praxistipps für eine professionellere Ausgestaltung ihrer Therapie- und Beratungstätigkeit sowohl mit Kindern, Jugendlichen und einzelnen Erwachsenen als auch mit Paaren, Familien, Gruppen und Teams.

Dies wird möglich durch die Betrachtung und Beschreibung eines sehr zentralen menschlichen Themas: die Selbstorganisation lebender Systeme. Diese Prozesse des menschlichen Seins können wir nutzen, um uns sowohl kontextadäquat zu organisieren als auch Umwelten zu kreieren und zu modifizieren. Selbstorganisation schließt beides mit ein: Anpassung und Einflussnahme gleichermaßen. Wie dies konkret zu realisieren ist, davon handelt dieses Buch.

Mein Verständnis von Selbstorganisation, Entwicklungs- und Veränderungsarbeit sowie Krisenbewältigung ist eng verbunden mit dem Wachstumsmodell von Virginia Satir (growth model) und der Humanistischen Psychologie. Weitere Entwicklungs- und Therapiekonzepte haben unsere therapeutische Arbeit mit einzelnen Erwachsenen, Kindern, Jugendlichen sowie Paaren und Familien ebenso beeinflusst und bestärkt wie unsere Ausbildungsinhalte und Vermittlungsformen. Es sollen hier die wichtigsten Ansätze und Persönlichkeiten genannt werden, die mich und meine in unserem Psychotherapeutischen Zentrum mitwirkenden Kolleginnen und Kollegen maßgeblich geprägt haben:

Carl Rogers und sein Konzept der Personenzentrierten Psychotherapie, bei der das Einfühlungsvermögen des Therapeuten erste Priorität hat

Virginia Satir und ihre wunderbare Fähigkeit des Ankoppelns und Umdeutens, der Prozessarbeit und der immer wieder kreativen Art, innere Zustände in äußere Bilder, Szenen und Skulpturen zu übertragen und somit für die Beteiligten erlebbar zu machen

Martin Kirschenbaum und seine lebendige und engagierte Art und Weise, systemisch-integrative Strukturen aufzubauen und weiter zu entwickeln

Albert Pesso und sein Konzept der idealen Beelterung in der psychomotorischen Therapie

Mara Selvini Palazzoli und das Mailänder Team, das auch mit bizarren Kommunikationsformen, Double-binds und Multi-binds umzugehen verstand

Ivan Boszormenyi-Nagy und sein Konzept des Ausgleichs von Geben und Nehmen

Salvatore Minuchin, der schon vor vier Jahrzehnten der Frage nach Ver-

strickungen und nach dem richtigen Platz in der Familie erfolgreich nachgegangen ist
Gundl Kutschera, die es versteht, die unterschiedlichsten Personen auf spielerische Weise zur Entfaltung ihrer Fähigkeiten zu bringen
Gunther Schmidt, der David Copperfield unter den Therapeuten, der es mit spielerischer Leichtigkeit und Humor schafft, die emotionale Befindlichkeit durch die Welt innerer Bilder zu „verzaubern" und damit zu verbessern
Gunthard Weber und seine schöpferische Weise, Lösungswege zu erfinden
Fritz Simon und seine klaren und witzigen Analysen von komplexen Zusammenhängen
Matthias Varga von Kibed und seine unnachahmliche Art der Präsentation von Logik, logischen Ebenen und Strukturen
Helmut Willke und seine Präzision in der Beschreibung und Darstellung systemischer Konzepte und Interventionen, u. a. auch die Ansätze zum systemischen Wissensmanagement

Die dem hier beschriebenen systemisch-integrativen Konzept zugrunde liegende philosophische Richtung ist der Konstruktivismus sowie die Theorie der Autopoiesis (Humberto R. Maturana und Francisco J. Varela) und verschiedene Ausprägungen der System- und Kommunikationstheorie (Heinz von Foerster, Ernst von Glasersfeld, Paul Watzlawick, Martin Wainstein, Steve de Shazer, Fritz Simon u .a.). Auf diesen Grundlagen wird hier ein beziehungsdynamisches Wachstumsmodell favorisiert, das sowohl interaktionelle als auch intrapsychische Prozesse mit einbezieht (Virginia Satir, Martin Kirschenbaum, Gunther Schmidt u. a.). Das generelle Metabehandlungsziel ist somit sowohl der Aufbau einer integrativen Struktur auf der individuellen Ebene als auch der Aufbau einer integrativen Struktur auf der familialen (oder mehrpersonalen) Beziehungsebene. Ich sehe dies als einen eigenständigen Weg, systemisch und systemtherapeutisch in vielfältigen Kontexten wie Einzel- und Familientherapie, Kinder- und Jugendlichentherapie, Supervision, Coaching und Organisationsentwicklung zu arbeiten.

Um einen guten Lesefluss zu ermöglichen, habe ich mich beim Schreiben für den Gebrauch der männlichen Form bei Worten wie „Therapeut", „Klient" etc. entschieden. Bitte bedenken Sie, dass hiermit jeweils sowohl Therapeutinnen und Therapeuten, Klientinnen und Klienten usw. gemeint sind.
Vielen Dank.

2. Die Person als selbstorganisierendes System

In diesem Kapitel wird zunächst die systemisch-konstruktivistische Betrachtungsweise über lebende und sich selbst organisierende Systeme, also Menschen im Allgemeinen und Personen im Sinne von sich unterscheidenden Individuen im Speziellen, dargestellt. Aus diesen Beschreibungen soll verständlich werden, wieso und wozu die psychotherapeutische Arbeit nach dem vorliegenden Konzept mit seiner im Weiteren beschriebenen Qualität ausgestaltet wird. Hieraus wird auch die spezifische Haltung des Psychotherapeuten deutlich, die sich von anderen Therapieschulen klar unterscheidet, obwohl auf der technisch-methodischen Ebene der Psychotherapie und Beratung immer größere Annäherungen zu beobachten sind.

2.1. Lebende Systeme – autonome Prozesse

Die Systemtheorie, der Konstruktivismus, die Kybernetik, die Neurobiologie und die Kommunikationswissenschaften haben durch ihre Forschungen und erkenntnistheoretischen Abhandlungen dazu beigetragen, dass wir heute ein ganzheitliches Bild menschlicher Prozesse wie Menschwerdung und Lebensgestaltung vorliegen haben. Diesen Erkenntnissen und Annahmen zufolge sind Lebewesen dadurch charakterisiert, dass sie sich ständig selbst erzeugen: Lebende Systeme organisieren sich autopoietisch (griech. autos = selbst, poiein = machen) und operieren selbstreferenziell (vgl. Maturana/Varela, 1987, S. 50 ff.). Ihr Handeln wird von inneren Prozessen geleitet. „*Die innere Gestaltbarkeit und Flexibilität lebender Systeme, deren Funktionieren mehr von dynamischen Zusammenhängen als von starren mechanischen Strukturen kontrolliert wird, lässt eine Anzahl charakteristischer Eigenschaften entstehen, die man als verschiedene Aspekte desselben dynamischen Prinzips ansehen kann – des Prinzips der Selbstorganisation*“ (Capra, 1983, S. 298).

Äußere Signale und Informationen haben einen nur eingeschränkten Einfluss auf die inneren Prozesse und sie können auch nur dann wirksam werden, wenn sie zu den inneren Abläufen passen. Somit kann bei selbstorganisierenden Systemen von einem hohen Maß an (relativer) Autonomie ausgegangen werden.

Nach Ernst von Glasersfeld (1997) ist Viabilität, also die Passgenauigkeit einer von außen kommenden Information für die innere Selbstorganisation, eine grundlegende Voraussetzung für den Austausch und die Interaktion eines lebenden Systems mit anderen. „*Ein autonomes System ist mithin ein System, das auf der Grundlage autopoietischer Selbststeuerung spezifische, durch seine Leitdifferenz und seinen Operationsmodus vorgezeichnete Umweltbeziehungen unterhält*" (Willke, 2000, S. 65). Das bedeutet in der Praxis, dass erst die Offenheit eines Systems für Informationen von außen einen Austausch mit anderen möglich macht.

Der Unterschied zwischen Autopoiese und Umweltbezug wird mit dem Begriff Autonomie zueinander in Beziehung gesetzt und verkoppelt. Die autonomen Prozesse lebender Systeme implizieren sowohl selbstreferenzielle Operationen als auch die Fremdreferenz. Kommunikation ist die Brücke zwischen Innerem und Äußerem. Es werden jedoch nur solche Kommunikationsinhalte in das psychische System einfließen können (im Sinne von bedeutungsvoll werden), die der Selbststeuerung dienlich sind. Unser Gehirn ist in der Lage, unpassende Informationen auszublenden, zu ignorieren. Sollte es sie registrieren und als unpassend oder seltsam einstufen, dann bleibt immer noch die Möglichkeit der Verzerrung (Bitte erinnern Sie sich kurz an die Kommentare zum Wahlausgang der Parteien bei der letzten Bundestagswahl ebenso wie bei allen Landtagswahlen: Es haben immer alle gewonnen!). Erziehungsmaßnahmen, Strafen und Bußgelder können zwar zur Aufrechterhaltung der gesellschaftlichen Ordnung dienen, sind aber als Mittel, einen interaktiven Lernprozess zu erzeugen, ungeeignet, da es oftmals an der Übereinstimmung in der Betrachtungsweise mangelt bzw. diese auch nicht beabsichtigt ist und hierdurch die bestehende Sichtweise des Bestraften eher bestärkt als verändert werden kann.

Der Unterschied zwischen Psychologie und Pädagogik einerseits und Medizin andererseits ist zumindest in einer Hinsicht gravierend und gleichzeitig bedeutungsvoll: Während Mediziner mit ihren körperorientierten Verfahren den Organismus eines Menschen unmittelbar beeinflussen können, gelingt dies Psychologen und Pädagogen in dieser direkten Art und Weise eher nicht. Sobald Kommunikation zwischen zwei oder mehreren Personen im Spiel ist, geht es immer um die Qualität der Beziehungsgestaltung als

Voraussetzung für ein konstruktives Gelingen. Erst die viable Kommunikation, also eine solche, für die beide Gesprächspartner Zustimmung signalisieren, macht den Informationsaustausch möglich. Auf dieser Basis kann eine Öffnung der operativ geschlossenen psychischen Systeme stattfinden.

Lebende Systeme sind anders organisiert als gemeinhin angenommen wird. Zu sehr dominiert noch die alte Idee von Erziehung, die annimmt, man könne andere Menschen zu Veränderungen bewegen, wenn man nur streng genug wäre, Anreizsysteme schaffe, genügend Kontrolle ausübe oder sie in Abhängigkeit halte. Jedoch wissen Lehrer, Ärzte und Psychotherapeuten, Fußballtrainer, Manager – und Eltern sowieso: Man kann andere Menschen nicht ohne weiteres verändern und ohne ihre Zustimmung beeinflussen. Es ist zwar möglich, Menschen zu beugen, z. B. in Zwangskontexten wie Sekten, unter Drogen, mit Medikamenten oder durch Androhung von Gewalt usw. Jedoch ist es nicht wirklich möglich, sie ohne ihr Zutun in eine von außen vorgegebene Richtung zu lenken. Wir Menschen haben eine Art Schutzmöglichkeit vor äußeren, unerwünschten Beeinflussungen entwickelt, die dazu beiträgt, selbstbestimmt und selbstverantwortlich zu handeln. Durch massives Durchdringen dieser Schutzschicht wird immer eine große Verletztheit, Irritation, Angst oder Ohnmacht erzeugt. Wir sprechen hierbei von Traumata, die durch Gewalt, sexuelle Übergriffe, plötzliche diskontinuierliche Veränderungen wie z. B. unerwarteter Tod, Trennung, Behinderung, Unfälle usw. oder auch durch Umweltkatastrophen oder Kriegsereignisse und Terrorattacken ausgelöst werden. Ziel der psychotherapeutischen Arbeit ist es dann, die natürlichen Schutzmechanismen der Psyche wieder aufzubauen.

Aus dem Gesagten soll deutlich werden, dass psychische Systeme sehr eigen-artig sind – und einzigartig zugleich. Die Konsequenzen werden bei der Betrachtung der kindlichen Entwicklung interessant. Es wird verständlich, wodurch die vielfältigen Lern- und Entwicklungsschwierigkeiten bei Kindern und Jugendlichen in den letzten Jahrzehnten begünstigt worden sind. Die Erwartungen an Selbstständigkeit und damit verbunden auch an Selbstverantwortung werden ständig erhöht, jedoch hat soziales Lernen als Voraussetzung für die Entwicklung von Selbstständigkeit einen sehr geringen Stellenwert. Es wird viel gefordert und allgemein zu wenig angeleitet. Besonders unter systemischen und kulturspezifischen Gesichtspunkten brauchen Kinder und Jugendliche, Eltern und Pädagogen sowie andere Bildungs- und Entwicklungsagenten neue Konzepte des kindlichen Seins und Werdens gleichermaßen. Wilhelm Rotthaus (1998, S. 45) hat dies in treffender Weise beschrieben, indem er sagt, dass die erziehenden Erwachsenen mit dem Kind als Partner handeln und es als eine autonome und gleichberechtigte Person anerkennen sollten. Zugleich sehen die Erwachsenen die Anleitungs- und Unterstützungsbedürftigkeit des Kindes und erziehen es, indem sie ihm Lernen ermöglichen und es damit in die Kultur einführen. *„Das Kind ist damit nicht mehr Objekt erzieherischer Bemühungen, sondern bleibt Subjekt seines Lebens und seiner Entwicklung."*

Die Herausforderung bei der Gestaltung von Beziehungen liegt darin begründet, dass jedes System seine eigene Sicht der Dinge entwickelt, also seine Realität und Wirklichkeit nach subjektiven Erfahrungen, Erkenntnissen oder Annahmen konstruiert. Hieraus erwächst für jeden Kommunikator die Notwendigkeit, von seiner eigenen, ihm vertrauten Realitätssicht Abstand zu nehmen und von dieser jederzeit abstrahieren zu können, um Zugang zu anderen Realitäten zu erhalten.

Selbstorganisationsprozesse in lebenden Systemen wie dem einer Person sind geprägt von der Fähigkeit, ständig zu lernen und sich somit permanent selbst zu erneuern. Die zentrale Bedeutung der Selbstorganisation ergibt sich aus dem dynamischen Wechselspiel von Bewahren und Verändern, Annehmen und Loslassen. Hierdurch sind selbstorganisierende Systeme ständig in Bewegung. Durch die Komplexität des Lebens angeregt, befindet sich die Selbstorganisation in einem ständigen Prozess des Ausbalancierens unterschiedlicher dynamischer Zustände. Obwohl diese Organisation des Selbst sich in ständigem Wandel befindet, bleibt die Gesamtstruktur erhalten. Capra (ebd., S. 300) nennt es *„die dynamische Stabilität der sich selbst organisierenden Systeme"*. Hierdurch ist es dem Menschen möglich, sich den verändernden Umweltbedingungen angemessen anzupassen und gleichzeitig diese zu beeinflussen. Anpassung und Einflussnahme zeigen sich somit als die zwei Seiten der gleichen Medaille: der Lebensgestaltung.

2.2. Die Konfiguration innerer Anteile – Aufbau einer integrativen Struktur

Zu den autonomen, selbstgesteuerten, dynamischen Prozessen gehört im Wesentlichen die Konfiguration der inneren Persönlichkeitsanteile: Die Person als selbstorganisierendes System schafft sich ihre eigene Welt, eine Art Persönlichkeitslandschaft. Wie jede Landschaft besteht diese aus unterschiedlichen Regionen und Gegebenheiten. Zu diesen zähle ich die körperliche Seite des Seins (organisch-biologische Vorgänge wie z. B. Stoffwechselprozesse), die Wahrnehmungsprozesse mit Hilfe der Sinnesorgane, die Welt der Gefühle, die Welt der Gedanken und des Intellekts sowie die Welt der Kommunikation und Beziehungsgestaltung.

Aus dem Konglomerat dieser verschiedenen Facetten des menschlichen Seins kann jede Person sich die ihr passende, einzigartig-individuelle Konfiguration spezifischer Anteile zusammensetzen. Diese Anteile verkörpern jeweils spezifische Persönlichkeitseigenschaften. Die Integration dieser Eigenschaften bildet die personale Identität, die sinnbildlich gesprochen persönliche „Mitte“, das zentrale Kraftfeld einer Person.

Desintegration relevanter Anteile führt hingegen zu einem Ungleichgewicht im System und bewirkt, dass einige Anteile ein Übermaß an Bedeutung gewinnen und eine gewisse Dominanz entwickeln können, während die ausgegrenzten Aspekte ungenutzt bleiben. Ist dieser Zustand chronifiziert, kann das Auswirkungen auf die psychische wie körperliche und soziale Konstitution haben. Ein Mensch fühlt sich dann einseitig belastet, erlebt sich als gestresst, überfordert oder krank.

Lebende Systeme kennen den Wunsch nach Homöostase (Aufrechterhaltung des Gleichgewichts im System), obwohl sie in der Lage sind, Unausgewogenheiten über lange Zeiträume durchzustehen. Bei Ungleichgewichten stellt sich die Frage, wodurch und zu welchem Preis dieser Zustand der fehlenden Balance kompensiert werden kann. Kompensationen (z. B. psychosomatische Symptome, Verhaltensauffälligkeiten usw.) haben den Vorteil, dass wichtige Funktionen des Systems beibehalten werden können, andererseits kann eine Kompensation zu einer Problempotenzierung führen.

Der Umgang mit Schlafmangel soll das verdeutlichen: Ist die notwendige Schlafmenge nicht gewährleistet, reduziert sich während des Tages die Konzentrationsleistung. Um wach zu bleiben, wird z. B. viel Kaffee getrunken, was zu einer Übersäuerung des Magens führt. Legt sich die Person dann wieder zum Schlafen hin, spürt sie die Magensäure als Sodbrennen und kann nicht schlafen. Deswegen muss sie sich am nächsten Morgen wieder neu stimulieren, z. B. durch Medikamente, die für Wachheit sorgen, was durch die Nebenwirkungen in Form von Bluthochdruck zu schnellerer Herztätigkeit führt und gleichzeitig die Belastbarkeit reduziert, was wieder zu weiteren Auswirkungen führen wird usw. usw. Ein Teufelskreis beginnt und oft wird der Körper für sein Versagen verantwortlich gemacht – und nicht die eigene Steuerung der Selbstorganisation.

sein Anliegen, sein Kommunikationsinteresse selbstsicher und kraftvoll umzusetzen, hilfreich und besser erscheint. In dieser Konstellation des Besseren nimmt er nach und nach Kontakt mit allen Elementen auf und bedankt sich für die Potenziale, die er durch sie erhält. Außerdem teilt er ihnen mit, wie er in Zukunft dafür sorgen wird, die Elemente noch besser in Einklang zu bringen, um sich hierdurch in wünschenswerter Weise positionieren zu können.
Nachdem alle wieder entrollt sind und Platz genommen haben, meldet sich der Klient noch einmal zu Wort, um seine wichtigste Erfahrung mitzuteilen: Er habe erkannt, dass sein leibliches Wohl unter dem bisherigen Motto „das Leben genießen" einen zu hohen Stellenwert erlangt habe. Hier habe er sich etwas vorgemacht und habe nun erkannt, welch großen Reichtum sein Inneres noch zu bieten habe, der bislang ungenutzt geblieben sei. Er wolle in Zukunft mehr aus sich heraus, als in sich hinein schöpfen.
Natürlich lässt sich dieses Ergebnis unterschiedlich interpretieren. Für mich zeigt sich in solch einem Prozess immer ein Weg des Klienten zu sich selbst und zu seinem Selbstwert. Diese Erfahrung ist jedoch nicht der Endpunkt eines Entwicklungsprozesses, sondern markiert den Anfang eines Neubeginns.

3.1.2. Der Körper

Auch der Körper kann als eigenes System mit Subsystemen und Teilen angesehen werden. Als Subsysteme können dabei angesehen werden: Organe, Energiefelder, Stoffwechsel, Bewegung, Ausstrahlung und Aura, Atmung, Haltungen usw. Jedes für ein bestimmtes Anliegen definierte Subsystem besteht wiederum aus unterschiedlichen Teilen, die ihrerseits aus dem Blickwinkel des Betrachters eine spezifische Konstellation bilden, sich also als Subsystem selbst organisieren.

So kann es z. B. für die Verbesserung des Wohlbefindens hilfreich sein, das Subsystem Atmung genauer zu betrachten. Atmung als Subsystem des Körpers kann hierbei in die Aspekte Einatmung, Ausatmung, Atempause, flaches Atmen, tiefes Atmen, Atemnot, Asthma, Hyperventilieren, Brustatmen oder Bauchatmen usw. unterschieden werden. Welche Auswahl getroffen wird, ist nirgendwo festgelegt, sondern durch das Thema, das Ziel oder Interesse des Klientels definiert.

Durch die Benennung der einzelnen Teile und ihre Darstellung im Raum wird für den Betrachter der Zugang zu einer bislang verschlossenen Welt ermöglicht: Er kann sich ein Bild der inneren Abläufe seines Organismus machen und, aufgrund der hierdurch erlangten Erkenntnisse, Einfluss auf diese Abläufe nehmen. Für unser Beispiel heißt dies: Der Klient kann sich als Atmender wahrnehmen und diesen Ablauf entsprechend seiner Zielrichtung neu bestimmen. Er organisiert und gestaltet somit einen Teilaspekt seiner Selbstorganisation neu – und zwar in die für ihn wünschenswerte Richtung.

ÜBUNG

Übung 1: Körperbild

Sie brauchen Papier und Bleistift, wenn Sie mögen auch Farben. Zeichnen Sie ein Bild Ihres Körper so, wie sie ihn sich vorstellen – von vorne oder seitlich oder beides. Markieren Sie dann (mit einer besonderen Farbe) die Bereiche, die Sie für die Kraft- und Energiefelder Ihres Körpers halten. Schreiben Sie dazu, wie Sie von diesen Bereichen profitieren, was sie Ihnen geben im Sinne von Ressourcen. Fragen Sie sich, wodurch Ihnen diese Energiebereiche auch in Zukunft erhalten bleiben können.

Dann zeichnen Sie Ihre körperlichen Schwachpunkte ein. Überlegen Sie sich, welche Informationen Sie hierdurch gewinnen und ob Sie in Zukunft etwas ändern werden. Dann betrachten Sie wieder Ihr Körperbild und stellen die Frage nach der Ausstrahlung: Was verleiht Ihrem Körper Glanz, Wärme, Aura? Und schließlich können Sie der Frage nach der Haltung nachgehen: Welche Haltung stellen Sie fest und was bedeutet diese Erkenntnis für Sie? Vielleicht wird aus der Beschäftigung mit dem Körperbild deutlich, was Sie Ihrem Körper und somit unmittelbar sich selbst Gutes tun können, um etwas zu verbessern an Ihrer körperlichen Befindlichkeit oder Ihrer Vitalität und Gesundheit insgesamt.

Als Visualisierungstechnik bietet sich auch der Gebrauch von Holzgliederpuppen an, die durch die bewegliche Einstellung und Veränderung der Gliedmaßen immer wieder neue Ausdrucksformen annehmen können.

3.1.3. Die verschiedenen Facetten der Persönlichkeit

Die emotionale Seite des Seins ist ebenso wie die leibliche eine sehr komplexe. Deshalb lassen sich auch hier wieder Subsubsysteme definieren und auf ihre jeweilige Teilekonfiguration hin untersuchen.

Ich möchte zunächst drei Gefühlswelt-Bereiche (vgl. S. Widmer, 1989) unterscheiden: die Welt der unterdrückenden Gefühle, die Welt der unterdrückten Gefühle und die Kerngefühle der Liebe.

Zum Bereich der unterdrückenden Gefühle gehören solche, die aufgrund ihrer Funktionalität an Bedeutung gewonnen haben, aber den emotionalen Erlebnisspielraum gleichzeitig einschränken. Es handelt sich hierbei um von subjektiven Erwartungen geprägte Erlebniszustände, die alle aus einer negativen Erwartungs- und Betrachtungsweise entstanden sind. Eine solche Erwartung könnte lauten, dass Anerkennung, Wärme oder Liebe nur zum Preis hoher Leistung zu erhalten ist („Ich werde den anderen schon beweisen, was ich kann.").

Zu den unterdrückenden Gefühlen zählen demnach Ehrgeiz, Anstrengung, Neid oder Gier. Mit diesen emotionalen Haltungen lassen sich Gefühle wie Freude, Zufriedenheit, Ruhe oder Zuversicht mühelos dominieren, so dass diese weniger oder keine Präsenz mehr erzeugen. Depression („Alles – also die Umstände! – ist so hoffnungslos!") unterdrückt die Trauer, den Schmerz, die Energie für Verbesserungen und die Sehnsucht nach Liebe. Hass („Die anderen sind schuld.") unterdrückt die Gelassenheit, das Miteinander, die Abgrenzung, die Zustimmung, die Trauer und den Frieden. Neid unterdrückt das Zulassen von Unterschiedlichkeiten. Faulheit und Bequemlichkeit („Ich kann nicht, weil...") unterdrücken die Initiative, die Motivation und Neugier. Trotz („Das habe ich noch nie so gemacht." oder „Das habe ich doch nicht nötig.") wirkt so ähnlich wie Faulheit und setzt die spielerische Leichtigkeit, Experimentierfreude und Gelassenheit Schach matt usw.

Unterdrückende Gefühle haben die Absicht zu kontrollieren und hierdurch für eine scheinbare Sicherheit, oder besser noch, Funktionalität, im Psychohaushalt zu sorgen. Das schafft Berechenbarkeit und Planbarkeit. Doch der Preis ist hoch, denn neue Herausforderungen, die durch Anpassung und/oder Einflussnahme, also durch permanentes Lernen und Erfahrungen sammeln, zu meistern sein könnten, werden hierdurch boykottiert. Es wird versucht, mit den bisherigen Mitteln der Selbstorganisation auf Neues zu antworten, was dazu führt, sich mehr und mehr anzustrengen oder letztlich aufzugeben, anstatt neue Wege zu gehen und sich selbst wichtig zu nehmen. Sie können bei der folgenden Übung vielleicht feststellen, wie viel Kraft und Zähigkeit im Bereich der unterdrückenden Gefühle vorherrscht. Diese Zustände werden genährt durch Annahmen wie: „Ich muss... Ich kann doch nicht... Ich darf auf keinen Fall... Ich sollte aber unbedingt..." usw. Hierbei bestimmt oftmals ein umfassendes Regelwerk die operative Seite des Seins.

Das Zulassen unterdrückter Gefühle wie Trauer und Lebensfreude, Verletztheit oder Vertrauen ist für viele Menschen ein Wagnis, denn hierdurch können Veränderungen eingeleitet und Neues erfahren werden.

Die Betrachtung der bestehenden Organisation der Selbstorganisation bietet die Möglichkeit einer Bestandsaufnahme. Es kann festgestellt werden, auf welche Weise, mit welchen Annahmen über uns selbst wir versuchen, etwas zu kontrollieren und zu beeinflussen, was nicht wirklich beeinflussbar ist. Was wir jedoch immer und jederzeit beeinflussen können, ist unsere Selbstorganisation. Konkret bedeutet das, negative Erwartungen, Annahmen und Abwertungen zu transformieren in neue Haltungen sich selbst gegenüber. Sinnvoll und wünschenswert sind hierbei Haltungen, die mit Zuversicht und Selbstvertrauen in die eigenen Kompetenzen, Potenziale und Ressourcen verbunden sind – besonders dann, wenn man noch nicht den Grad des Perfektionismus erreicht hat, den man zuvor versuchte mit der Brechstange des Heraufbeschwörens („Ich darf doch nicht...“) und Manipulierens („Nur wenn, dann...“) vorzutäuschen. Dieser Prozess, der die ewigen Kontrollinstanzen des nicht Kontrollierbaren loslässt und wandelt in eine Haltung der Offenheit, der Wahlmöglichkeiten, der Intuition und des Vertrauens, ist wie eine Neugeburt, oder besser: wie eine Wiedergeburt des Selbst, der Selbstbestimmung.

Im Bereich der Selbstgefühle entwickeln sich das Tun und Sein aus einer Haltung, einer Anschauung, einer Wertigkeit, einem subjektiven Sinn, den Heinz von Foerster mit dem Satz charakterisierte: *„Es steht uns immer frei, uns nach jener Zukunft auszurichten, die wir erschaffen wollen.“* Hier regiert nicht länger der selbst auferlegte (und noch nicht abgelegte) Zwang, in bestimmter Weise handeln zu müssen, sondern die Freiheit, aus eigener Überzeugung und Selbstachtung heraus zu wirken.

Jetzt wird es möglich, sich so zu erkennen wie man ist – und nicht, wie man sein sollte – und sich selbst so anzunehmen mit allem Drum und Dran, mit allen Fähigkeiten und Fehlern, mit allen wohltuenden und schmerzhaften Gefühlen, mit allen klaren und verrückten Gedanken, mit seiner Phantasie und Intuition, mit seiner Vollkommenheit und Unvollkommenheit und natürlich mit seiner Einzigartigkeit. Dieser Zustand (die Kerngefühle der Liebe) kann einen inneren Frieden erzeugen, der einhergeht mit der Liebe zu sich selbst, und gleichzeitig das Herz öffnet für andere und anderes.

Übung 2: Meine Welt der Gefühle

ÜBUNG

Nehmen Sie sich ein Päckchen mit kleinen Karteikarten und beschriften Sie diese mit Begriffen aus der Gefühlswelt. Die hier genannten Begriffe verstehen Sie bitte als ein Angebot und eine Auswahl aus der immensen Menge an Gefühlsbereichen und -zuständen. Ergänzen Sie nach eigenem Selbstverständnis weitere Gefühlsbereiche und ordnen Sie diese den drei Bereichen zu.

Zum Bereich der unterdrückenden Gefühle (des Ego) zählen: Neid, Gier, Sarkasmus, Hass, Herrschsucht, Ironie, List, Misstrauen, Schuldgefühle, Dummheit, Ehrgeiz, Unnachgiebigkeit, Unersättlichkeit, Verliebtheit, Eifersucht, Depression, Faulheit, Rechthaberei, Streitsucht, Kontrollieren.

Zum Bereich der unterdrückten Gefühle, den eigentlichen Gefühlen des Selbst, gehören: Angst, Hilflosigkeit, Schmerz, Lebensfreude, Zwiespalt, Zweifel, Verständnis, Unerwünschtsein, Gelassenheit, Sinnlosigkeit, Versöhnung, Trauer, Humor, Ohnmacht, Verlassenheit, Ruhe, Lust, Verlorensein, Sanftheit, Scham, Würde, Verwirrung, Unerwünschtheit, Vertrauen, Einsamkeit, Neugier usw.

Zum Bereich der Kerngefuhle der Liebe werden angenommen: Tiefe, Schönheit, Wahrhaftigkeit, Geborgenheit, Energie, Friede, Selbstwert, Demut, Dankbarkeit, Geduld, Klarheit, Freiheit, Weite, Muße, Ganzheit, Hingabe, Kraft, Intelligenz, Stille, Wachheit, Getragensein, Zugehörigkeit.

Legen Sie nun die beschrifteten Karten in drei verschiedene Kreise. Betreten Sie den ersten Kreis, also den Bereich der unterdrückenden Gefühle und finden jetzt heraus, welche der Begriffe Ihnen vertraut erscheinen und welche Ihnen eher unbekannt sind. Nehmen Sie die Karten mit den für Sie wichtigsten Bezeichnungen zu sich und gehen Sie nun von Karte zu Karte und überlegen sich, welche Bedeutungen und Auswirkungen der jeweilige Zustand für Sie hat. Finden Sie dabei heraus, was anders wäre, wenn dieser Zustand für Sie keine Wichtigkeit mehr hätte, da Sie sich noch mehr Ihren Selbstgefühlen anvertrauen würden.

Gehen Sie nun zunächst erprobungsweise in den zweiten Kreis und schauen sich alle Karten dort an. Lassen Sie die Begriffe auf sich wirken. Was ist Ihnen nahe, vertraut oder bekannt? Welche Bezeichnungen sind Ihnen weniger bekannt oder ganz unbekannt? Fragen Sie sich, was anders sein könnte, wenn diese Gefühle noch mehr Bedeutung gewinnen könnten. Hätte dies Auswirkungen auf die unterdrückenden Zustände? Eher wünschenswerte oder eher verschlechternde?

Zwischen den beiden Kreisen besteht eine Verbindung, so etwas wie ein Tor mit der Überschrift „Tod des Ego – Wiedergeburt des Selbst". Hiermit ist gemeint, dass wer durch das Tor geht und sich den wahren Gefühlen zuwendet, die Welt des Funktionalen und des Funktionierens verlässt und sich der Welt der authentischen Selbstgefühle zuwendet (so wie man sie schon einmal als Säugling und Kleinkind erlebt hat) und diese wahrnimmt: Schmerz ebenso wie Freude, Stärke ebenso wie Ohnmacht, Vertrauen ebenso wie Hilflosigkeit etc.

Manchmal ist es wichtig, mehrmals zwischen dem ersten und dem zweiten Kreis zu wechseln, um sich klar zu werden über den Wandel, der anstehen könnte. Es gilt zu überprüfen, ob man sich wirklich den Selbstgefühlen zuwenden will und sich damit vom Manipulieren, vom Sich-abhängig-machen, vom Perfektionismus befreien möchte. Wichtig ist für Therapeuten in dieser Phase, absichtslos zu bleiben und beiden Seiten gegenüber eine ambivalente Haltung einzunehmen. Es hilft dem Klienten nicht, sich für das Eine und gegen das Andere überzeugen zu lassen.

Nachdem Sie probeweise beide Kreise mehrmals besucht und erkundet haben, können Sie – falls gewünscht – die Form der Kreise zu Ovalen verändern, die jeweils am Ende geöffnet sind und somit den Zugang zum nächsten Bereich ermöglichen.

Kommen Sie nun in den dritten Kreis und betreten den Bereich der Kerngefühle der Liebe. Überlegen Sie sich beim Betreten des dritten Kreises, welche Erfahrungen Sie bislang gemacht haben mit Ihren Gefühlen des Alleinseins, der Einsamkeit und der Sehnsucht nach Liebe. Die Frage, die hier zu stellen ist, kann lauten: „Bin ich mir selbst genug? Nehme ich mich so an, wie ich bin? Stimme ich mir zu? Achte ich mich mit allen Facetten meiner Persönlichkeit?"

Wenn Sie sich im dritten Kreis befinden, dann ändern Sie jetzt auch seine Form zu einer Art Oval mit der Öffnung hin zum zweiten Oval und blicken Sie zurück auf den Weg, den Sie gegangen sind. Gehen Sie jetzt im Zeitlupentempo noch einmal zurück zum Ausgangspunkt und von dort langsam zurück in den Bereich der Kerngefühle der Liebe. Lassen Sie alles auf sich wirken. Und machen Sie sich klar, dass kein Mensch sich immer im dritten Bereich befindet, sondern dass es im Leben immer wieder starke Schwankungen geben kann und wird. Das Leben ist eben in Bewegung. Insofern können auch wir uns in unterschiedlichen Lebenssituationen in unterschiedlichen inneren Zuständen befinden. Wenn wir jedoch den Weg kennen und die Herausforderungen annehmen, von einem Zustand in einen besseren zu wechseln, dann haben wir die Chance, unser Leben selbst zu gestalten und unsere Selbstorganisationspotenziale wirklich zu nutzen.

Liebe ist etwas, das von ganz alleine kommt. Sie kann nicht erzwungen, nicht gefordert werden und man kann sie keinem anderen aufdrängen, der sie nicht will. Liebe wird hier mit Samuel Widmer verstanden als der Austausch von Geben und Nehmen. Nur wer sich selbst liebt, so seine Annahme, kann Liebe geben. Liebe ist aus meiner Sicht die energetischste und konzentrierteste Form der menschlichen Selbstorganisation: Sie macht frei und verbindet gleichermaßen, sie ist selbstgesteuert und dennoch absichtslos, sie gibt und sie nimmt, sie macht stark und lässt Schwäche zu, sie kann ein Gefühl sein, ein Energiezustand und eine Vision gleichermaßen.

3.2. Werte und Ziele

Um zu lernen und sich zu entwickeln, aber auch um sich in den verschiedensten Situationen des Lebens zu orientieren und dem eigenen Handeln eine Struktur zu geben, braucht es eine innerpersönliche Steuerungsinstanz, die die verschiedenen Persönlichkeitsaspekte jeweils spezifisch organisiert, also sinnbildlich gesprochen, zu einem wandelbaren Webmuster verknüpft. Damit die Systemelemente sich in einer wünschenswerten Art und Weise organisieren können, brauchen diese Elemente eine Klarheit über die Absichten, die Ziele und Werte, also über das, was einem wirklich wichtig ist im Leben. Ohne die Vorgabe eines Ziels ist eine sinnvolle Steuerung des Selbst dem Zufall überlassen. Wichtig ist es deswegen, diese Fragen zu stellen und das Bewusstsein hierüber zu wecken: Was ist mir wichtig? Was hat einen Wert? Worauf strebe ich zu? Was will ich erreichen, verbessern, entwickeln, verändern, optimieren, loslassen und natürlich auch bewahren, weil es für mich sinnvoll und wünschenswert erscheint?

ÜBUNG

Übung 3: Bestandsaufnahme meiner inneren Werte

Ich möchte Sie an dieser Stelle einladen, einen Moment zu verweilen und sich mit dem zu beschäftigen, was Ihnen im Leben insgesamt oder für einen bestimmten Aspekt des Lebens wichtig ist und einen Wert für Sie darstellt. Zu diesem Zweck werde ich eine Liste mit einigen Dutzend Begriffen anbieten und Sie bitten, sich diese durchzulesen und zu überprüfen, ob es noch etwas zu ergänzen gibt.

Durchhaltevermögen, Fairness, Kooperation, Interesse, Neugier, Risikofreude, Ruhe, Erfolg, Liebe, Selbstwert, Freiheit, Kraft, Authentizität, Egoismus, Ansehen, Austausch, Verständnis, Anerkennung, Frieden, Energie, Beständigkeit, Wandel, Entwicklung, Lernen, Freude, Geld, Leichtigkeit, Humor, Entschlusskraft, Beliebtsein, Zurückhaltung, Dankbarkeit, Demut, Kontaktfreude, Gelassenheit, Zielstrebigkeit, Selbstliebe, Optimismus, Kritikfähigkeit, Offensivität, Wohlstand, Reichtum, Kooperation, Zielstrebigkeit, Vertrauen, Balance usw.

Bitte ergänzen Sie diese Auswahl:

____

____

Jetzt wählen Sie bitte aus der gesamten Auswahl die fünf für Sie wichtigsten Benennungen aus und schreiben Sie sie auf ein Blatt Papier. Schauen Sie sich nun diese fünf Begriffe an und überprüfen nochmals, ob die Auswahl für Sie stimmig ist. Falls Sie etwas korrigieren möchten, tun Sie das. Treffen Sie nun eine weitere Auswahl aus diesen fünf Begriffen, so dass die für Sie wichtigsten drei Begriffe übrig bleiben: Welches sind die drei wichtigsten? Nach dieser Auswahl entscheiden Sie sich jetzt für die zwei wichtigsten und schließlich benennen Sie den für Sie persönlich allerwichtigsten Wert.

Durch dieses Vorgehen wird eine hierarchische Anordnung möglich, die sehr hilfreich für die eigene Orientierung sein kann.

ÜBUNG

Übung 4: Blütenblattmethode – Was mir wirklich wichtig ist

Eine andere Möglichkeit, dieses Thema zu erkunden, ist die Blütenblattmethode:

Wählen Sie zunächst aus der oben gezeigten Auswahl die fünf wichtigsten Begriffe aus. Zeichnen Sie nun eine Blume mit fünf Blütenblättern um den Mittelpunkt des Stiels herum. Tragen Sie nun in jedes Blütenblatt eine der für Sie wichtigsten Bedeutungen ein. Wenn Sie möchten, können Sie das Ganze noch für sich passend ausmalen. Lassen Sie sich überraschen, was sich hier entwickelt!

Sie haben inzwischen herausgefunden, was für Sie einen Wert darstellt. Diesen oder mehrere eigene Werte zu kennen, ist für sich selbst und in der Arbeit mit Klienten in der Psychotherapie eine notwendige Voraussetzung für jeden Verbesserungsprozess – unabhängig von den konkreten Inhalten, Problemen, Symptomen oder Lebensereignissen. Durch das Wissen um die eigenen Werte bekommt die angestrebte Entwicklung oder Veränderung eine Richtung. Diese kann sich im Weiteren in konkreten Zielen ausdrücken, um zu spezifizieren, wohin die Reise gehen soll. Durch den Wert wird die Selbstorganisation mit Sinn und Absicht erfüllt. Jetzt kann die Steuerung der Selbstorganisation hierauf abgestimmt werden.

Durch solche Klärungen und Zielfindungen wird die therapeutische Arbeit absichtsvoll. Die Ziele und Absichten werden jedoch nicht vonseiten des Therapeuten vorgegeben. Hat man vielmehr die Werte des Klienten gemeinsam herausgearbeitet, kann eine Orientierung an den Bedeutungszusammenhängen des Klientensystems erfolgen.

Während der persönliche Wert etwas ist, auf das man im Leben immer nur annähernd zustrebt, werden Ziele gesteckt, um sie zu erreichen. Werte und erreichbare Ziele sind von der Intention her deckungsgleich. Der Wert äußert sich jedoch in der strategischen Ausgestaltung des Seins (Weltanschauung, Grundhaltung, Spiritualität und Sinn des Lebens), die Ziele konkretisieren sich im Denken, Fühlen und Handeln und geben die operationale Richtung vor.

3.3. Orientierungen durch Regeln und Glaubenssätze

Regeln und Glaubenssätze sind die konkreten Steuerungselemente, durch die die Werte und Ziele eines Menschen in seiner konstruierten Realität alltagstauglich praktiziert und realisiert werden. Die Regulation solcher Selbstprozesse wie der Wahrnehmung, aber auch der Kommunikation und des Verhaltens im Sinne von Handeln, ist durch historische Entwicklungen,

Erfahrungen und sozialisierte Glaubenssätze geregelt. Regeln und Glaubenssätze (belief systems) sind eine Art Leitmotiv, wirken meistens unreflektiert und können, bezogen auf eine definierte Zielvorgabe, eher konstruktiv oder eher destruktiv wirksam werden. In jedem Fall sind (oder waren) sie für die Person eine Orientierungsgrundlage und, noch existenzieller ausgedrückt, eine Lebensbewältigungsstrategie.

Durch die Regeln der Selbstorganisation wird in besonderem Maße eine Verbundenheit zur Herkunft geschaffen und aufrechterhalten. Mit ihnen werden Loyalitäten zum Ausdruck gebracht und gelebt. Zusätzlich dienen sie der Orientierung in sozialen Kontexten. Sie können Klarheit schaffen über das subjektiv Richtige und das Falsche im Leben. Sie geben Halt und Sicherheit. Durch sie werden Entscheidungen möglich und Konsequenzen antizipierbar.

Soweit die nützlichen, positiven Seiten von Glaubenssätzen und Regeln. Da diese jedoch meist in einer Phase der Abhängigkeit vom Herkunftsfamiliensystem entstanden sind, ist zu überprüfen, welche Auswirkungen sie im Erwachsenenleben haben: Werden sie weiterhin als nützlich oder eher als Hindernis auf dem Weg der Umsetzung eigener Ziele erlebt und bewertet? Dies ist ein zentrales Thema der systemisch-konstruktivistischen Therapie. Die Frage lautet also im Sinne einer Bestandsaufnahme: Welche Glaubenssätze sind zur Zeit wirksam und welche davon förderlich? Welche hingegen zeigen sich hinderlich in Bezug auf das eigene Wertesystem, also auf die eigenen Visionen, Ziele oder Absichten, auf das, was einem wichtig und wertvoll ist, was einen Sinn macht?

Nun einige Beispiele für Regeln und Glaubenssätze, wie sie in der therapeutischen Arbeit oft zum Ausdruck gebracht werden. Sie werden von den Klienten oftmals als starr, dogmatisch und unumstößlich beschrieben.

Beispiele für Regeln:

„Ich muss immer Ja sagen."
„Ich darf keine Fehler machen."
„Ich muss immer brav sein."
„Ich darf nie ärgerlich und wütend sein."
„Ich muss immer alles perfekt machen."
„Ich muss immer auffallen."
„Ich darf auf keinen Fall auffallen."
„Ich muss immer guter Laune sein."

„Ich muss immer alle Zügel in der Hand halten."
„Ich darf nie jemanden enttäuschen."
„Ich muss immer die Beste sein."
„Ich darf nie Nein sagen."
„Ich darf nie meine Gefühle zeigen."

Beispiele für Glaubenssätze:
„Wir werden gewinnen."
„Das schaffe ich nie."
„Wenn ich das mache, wird das eh nichts."
„Wer wagt, gewinnt."
„Ich werde mich keinem anvertrauen, ich werde doch immer wieder enttäuscht."
„Ich komme immer zu kurz."
„Ich versuche es so lange, bis es klappt."
„Anerkennung gibt es nur für Leistung."
„Ich bin immer an allem schuld."
„Versagen ist tödlich."

Und Glaubenssätze mit einer paradoxen Tendenz:
„Mir ist alles zu viel, aber ich kriege nie genug."
„Du kannst gerne zu mir kommen, aber ich bin nicht für dich da."
„Bitte sei immer für mich da, nur dann kann ich ich selbst sein."
„Ich verachte dich, weil du mich liebst."
„Ich bin richtig, wenn ich falsch bin."
„Du musst mir erst einmal beweisen, dass du mich liebst."
„Sei spontan!"
„Ich ändere mich nur, wenn ich so bleiben kann wie ich bin."

Glaubenssätze und Regeln verdichten sich zu einem oftmals dogmatischen und einschränkenden Lebensmotto. Dieses beeinflusst das ganze psychische System. Es steuert die Selbstorganisation und reguliert die inneren psychischen Zustände. Hierzu zähle ich die Welt der Gefühle, die Motivation des Handelns, die Kommunikations- und Beziehungsgestaltung mit sich selbst und nach außen, die Übernahme von Selbstverantwortung – kurzum das gesamte Erscheinungsbild einer Person, ihre Identität. Muster werden durch Kommunikation und Handeln veröffentlicht und für andere Personen wahrnehmbar. Sie konkretisieren sich in der Art des zwischenmenschlichen Umgangs, in der Form und Qualität der Beziehungsgestaltung sowohl zu Mitmenschen als auch zu sonstigen, z. B. materiellen und spirituellen Umwelten.

Die Selbstannahmen steuern ständig die Selbstorganisation. Sie sind in ihrer Wirkungsweise als das eigentliche Steuerungsmoment anzusehen. Die einzelnen Regeln und Glaubenssätze sind dann die Ordnung gebenden Strukturelemente des psychischen Systems. Hiermit einher geht eine verzahnte Koppelung mit der Identität. Beides spielt zusammen. So wie ein Pilot seine Maschine steuert, so lenkt das Lebensmotto die psychisch-soziale Dimension des Seins. Die Identität des Selbst schafft generelle oder situative Selbstannahmen, diese wiederum wirken an der Gestaltung der Identität mit. Beides manifestiert sich in inneren Zuständen und Befindlichkeiten. Der Begriff Identität ist hier zu verstehen als wertschaffende und sinngebende Kraft. Die Identität erwächst aus dem Sinn, dem Zweck, also dem, was einem wert (-voll) ist. Das wiederum wirkt als Nährboden der Identität.

ÜBUNG

Übung 5: Wie ich mir das Leben leicht schwer mache

Schreiben Sie zunächst alle Selbstattribuierungen auf, die Ihnen einfallen: Wie müssen Sie immer oder wie dürfen Sie auf keinen Fall sein?

Schreiben Sie Ihre Aussagen in dieser Form:

„Ich muss immer..."
„Ich darf nie..."
„Ich sollte..."
„Ich kann doch nicht..."
„Man darf doch nicht..."
„Die Anderen..."
„Weil ..., deswegen..."
„Es bringt nichts..."
„Nur wenn ..., dann..."

Schreiben Sie so viele Sätze auf, wie Ihnen einfallen und werden Sie sich ihrer Auswirkungen bewusst. Entscheiden Sie nun, welche Annahmen die stärkste Wirkung auf Sie erzeugen. Prüfen Sie, welche Annahmen für Ihre zukünftigen Absichten unpassend sind und gehen Sie der Frage nach, ob Sie

bereit sind, diese jetzt zu ändern bzw. welche Vorteile es hat, sie beizubehalten.
Wählen Sie zunächst eine Aussage über sich aus, die Sie ändern möchten, und gehen Sie nach dem folgenden Beispiel vor:

Regel: „Ich muss immer recht behalten.“

Prüfen Sie nun: Welche Fähigkeit ist in dieser Aussage vorhanden und welche Seite Ihrer Person wird hierdurch bestärkt? „Ich muss immer recht behalten“ könnte z. B. auch bedeuten, zu wissen, was für Sie richtig ist, die eigene Meinung konsequent zu vertreten, sich gut zu schützen usw.
Danach überprüfen Sie, welche Seite ihrer Person durch die Regel zu kurz kommt oder unterdrückt wird, im vorliegenden Beispiel vielleicht Ihre Großzügigkeit, Ihre Kooperationsfähigkeit, Ihre Gelassenheit, Ihre Offenheit für anderes oder was auch immer. Finden Sie die für Sie richtige Bezeichnung.
Jetzt stellen Sie sich bitte vor, welche Veränderung zu wirken beginnen kann, als Sie auf der einen Seite Ihre Fähigkeit betrachten, zu wissen, was für Sie richtig ist, also gut auf sich zu achten und sich wichtig zu nehmen, und auf der anderen Seite die neue Möglichkeit in den Blick kommt, genau diese Fähigkeit auch den Personen in Ihrer Umgebung zuzubilligen – nämlich dass auch diese Leute wissen, was für sie richtig und wichtig ist. Was meinen Sie: Wie könnte sich das zum einen auf Ihre eigene Befindlichkeit und auf Ihr Selbstbild, zum anderen auf Ihre Beziehungsgestaltung mit anderen auswirken? Welche neuen Möglichkeiten könnten sich aus dieser Integration von anfänglichen Gegensätzen für Sie erschließen und welchen Wert könnten Sie dieser neuen Betrachtungsweise beimessen?
Falls Sie möchten, können Sie mit anderen eingrenzenden, manipulativen, kontrollierenden oder zwanghaften Regeln ebenso verfahren und sich hierdurch neue Möglichkeiten der Persönlichkeitsentfaltung erschließen.

Praxisbeispiel 2: Regeltransformation

PRAXIS

Innerhalb eines Seminars in meiner Supervisoren-Ausbildung geht es um das Thema Selbstkonzepte. Eine Teilnehmerin spricht die aktuellen Schwierigkeiten an ihrem Arbeitsplatz an und beschäftigt sich zur Zeit mit dem Gedanken, sich beruflich zu verändern. Sie erlebt allerdings in ihrem

Innersten eine Blockade bei dem Gedanken an Veränderung. Während ihrer Schilderung der aktuellen Umstände benutzt sie zweimal den Satz: *„Ich weiß nicht, ob ich mich selbstständig machen darf“* und auch die Äußerung: *„Ich bin viel zu unselbstständig“*. Ich greife nach einer Weile diese Sätze auf und frage sie nach dem prägnantesten Satz zu diesem Thema. Dieser lautet:
„Ich darf mich nicht selbstständig machen.“
Ich schreibe diese Aussage auf das Flipchart und bitte die Frau, sich diese Aussage anzuschauen. Danach lasse ich sie den Satz laut vorlesen. Ich frage sie, wie es ist, diese Aussage zu sehen und sich diesen Satz sprechen zu hören. Ihre Antwort ist: *„Es fühlt sich stimmig an.“* Ihre Stimme ist dabei leise und bedrückt.
Wir hatten im Vorgespräch bereits geklärt, dass es für die Teilnehmerin einen hohen Wert hat, mehr oder überhaupt selbstständig zu sein. Deshalb schlage ich ihr eine erste Änderung vor und schreibe sie auf:
„Ich kann mich nicht selbstständig machen.“
Ich stelle wieder ähnliche Fragen wie vorher und sie schildert ihr Empfinden über diese Variante so, dass es ihr näher gehe, dass sie sich jetzt persönlicher angesprochen fühle, verantwortlicher sei. Gleichzeitig will sie diese Aussage so nicht stehen lassen. Jetzt biete ich ihr an:
„Ich kann mich manchmal selbstständig machen.“
Die Teilnehmerin sagt, jetzt fühle sie sich leichter und besser und so sei es auch in ihrer Realität. Sie stelle sich nur zu oft vor, dass sie es gar nicht dürfe. Ich frage sie wieder nach zu erwartenden negativen Auswirkungen, wenn sie sich die Erlaubnis für mehr Selbstständigkeit gäbe. Sie kann keine benennen. Das nächste Angebot an sie lautet:
„Ich mache mich manchmal selbstständig.“
Wieder schaut sie sich den aufgeschriebenen Satz an und liest ihn laut vor. Ich frage sie nach ihrem Gefühl dabei. Ihre Antwort: *„Es macht mich freier und unabhängiger – ein wunderbares Gefühl.“* Jetzt sind wir bereits einen entscheidenden Schritt weiter in die wünschenswerte Richtung gegangen, ich mache ihr aber noch weitere Angebote und schreibe auf:
„Ich bin manchmal selbstständig.“
Die Teilnehmerin lässt die Bedeutung auf sich wirken, diesmal viel länger als zuvor, ist (wie) in Trance und schließlich stimmt sie der Aussage zu. Weiter geht es: *„Ich bin öfter mal selbstständig.“*
Jetzt erlebt die Frau innere Freude und Gelassenheit.
„Ich werde in Zukunft öfter selbstständig sein.“

Sie kann diesem Angebot eindeutig zustimmen. Die Freude über ihre neuen Möglichkeiten bleibt, die Teilnehmerin verknüpft das Erreichte mit einem inneren Symbol (z. B. inneres Bild, konkrete Bewegung) als Anker für die Zeit nach unserem Gespräch. Mit solch einem Anker lassen sich sowohl gefühlte Bedeutungen, als auch erstrebenswerte Absichten im Handeln leichter erinnern und hierdurch das bereits Erreichte innerlich rekonstruieren.
Zum Abschluss biete ich noch eine Testaussage an, denn die Aussage *„Ich werde in Zukunft öfter selbstständig sein"* impliziert: nicht immer (*„Manchmal werde ich auch in Zukunft unselbstständig sein."*). Es darf hier nicht der Fehler gemacht werden, nur das Neue zu sehen und als Kompetenz zu betrachten! Auch Aspekte des Bisherigen behalten ihre Bedeutung. Bleibt noch die Frage, ob die Klientin dem so zustimmen kann. Ich biete ihr die Aussage wie oben an:
„Und manchmal bin ich auch in Zukunft unselbstständig."
Sie lächelt und meint, dass das mit Sicherheit auch in Zukunft sein könnte. Das wäre schon in Ordnung so, denn dann könnte sie sich Unterstützung holen für ihre Anliegen. Wir belassen es so an dieser Stelle.
Ich habe in dieser Arbeit an zwei miteinander gekoppelten Veränderungsstrategien gearbeitet:

Ebene: darf nicht ⇢ kann nicht ⇢ mache ⇢ bin ⇢ werde sein

Hierbei biete ich an, die Wahlmöglichkeiten zumindest probeweise zu erweitern. Durch diese Angebote wird die Klientin dazu eingeladen, sich mit neuen Betrachtungsweisen über ihre Potenziale zu beschäftigen. Die Veränderungseinladungen werden dosiert (step by step) ausgesprochen und als Optionen auf ihre Annehmbarkeit überprüft. Nur an dem, was für die Klientin annehmbar ist und entsprechend von ihr bestätigt wird, wird weiterhin gearbeitet.

Ebene: nicht ⇢ manchmal ⇢ öfter ⇢ manchmal nicht

Gleichzeitig werden Angebote zur Intensität und Quantität der annehmbaren Veränderungsabsichten gemacht, um mögliche Entwicklungsschritte in die wünschenswerte Richtung zu begünstigen. Der Aspekt „manchmal nicht" ist wichtig, um keinen neuen Druck zu erzeugen, alles perfekt und hundertprozentig machen zu müssen, sondern zu betonen, dass beides sein darf.

Insgesamt gesehen handelt es sich um ein schrittweises Vorgehen, um einen Prozess, bei dem es kein vorgegebenes Wunschresultat gibt. Nur die Klientin entscheidet, was für sie passend und stimmig ist. Die Absicht des Therapeuten ist es, die Selbstgestaltungsmöglichkeiten der Klientin zu erweitern und die Selbstverantwortung zu erhöhen, damit sich ein neues Selbstverständnis entwickeln und der Selbstwert wachsen kann.

3.4. Regeln nehmen Muster an

Werte formen die jeweilige Identität lebender Systeme. Sie geben dem Sein einen Sinn und somit der inhaltlichen Seite des persönlichen Lebens ein Fundament. Selbstattribuierungen korrespondieren mit solchen Werten und wirken als Regulativ im operativen Bereich. Hierdurch entwickelt sich eine bestimmte Ausprägung von wiedererkennbaren Mustern, z. B. in der Art des Handelns, der Kommunikation und der Interaktion. Muster beschreiben den Selbst-Umwelt-Bezug lebender Systeme und das personale, individuelle Muster ist wie die Visitenkarte eines Menschen.

Ein Muster hat den Charakter einer Strategie. Im Muster entäußern sich die Auswirkungen der Selbstattribuierungen. Diese werden oftmals für außenstehende Beobachter leichter wahrnehmbar als für die Beteiligten. Das Muster ist nicht das Handeln selbst, sondern die Ausführung der Handlung und verweist auf eine spezifische Handlungsstruktur. Glaubenssätze und Regeln weben das Muster und geben ihm eine solche spezifische Struktur. Die Elemente eines Musters haben die Eigenschaft, sich zu wiederholen. Erst bei immer wiederkehrenden gleichen Ausführungen sprechen wir von einem Muster. Die Art der Wiederholung ist geregelt durch die zugrundeliegenden Selbstannahmen. Muster sind keine Zufallsprodukte.

Im therapeutischen Prozess können beliebig viele unterschiedliche Mustervarianten herausgearbeitet und beschrieben werden, je nachdem, für welche Absicht dies sinnvoll erscheinen mag: zum Beispiel Beziehungs- und Kommunikationsmuster, Problem- und Lösungsmuster oder Denk- und Verhaltensmuster. Die Selbstannahme „Ich muss immer perfekt sein“ entwickelt zunächst die Denkvariante „Ich muss immer“. Durch Generalisierungen dieser Denkvariante kann leicht ein spezifisches Denkmuster entstehen, mit dem das Handlungsmuster „Ich muss immer alles richtig machen“, das Gefühlsmuster „Ich muss mich immer anstrengen, damit ich mich wertvoll fühlen darf", das Kommunikationsmuster „Ich weiß immer alles besser" und das Beziehungsmuster „Ich habe immer recht" in Verbindung stehen. Das sich aus dieser Konstellation möglicherweise ergebende Problem (mit sich selbst und anderen) wird mit an Sicherheit grenzender Wahrscheinlichkeit anderen Personen oder der Umwelt zugeschrieben, da man selbst alles richtig (perfekt!) macht und fehlerfrei durchs Leben geht.

In einem Therapiegespräch hatte sich einmal folgendes Kommunikationsmuster gezeigt: Ich hatte mich mit der Idee angefreundet, dass der Klient eine bestimmte, von mir favorisierte Lösung umsetzen sollte, gleichzeitig konnte ich bemerken, dass der Klient jeden Satz mit „aber..." als Antwort auf meine Vorschläge begann. Die Rollen hatten sich vorübergehend vertauscht und ein Machtspiel hatte begonnen, das ein Therapeut niemals gewinnen kann und das für den Klienten keine wirklichen Neuerungen bringt.

Die hinter dem Muster zu entdeckenden Selbstannahmen könnten z. B. lauten: Therapeut: „Ich werde dem Klienten mal aufzeigen, was er alles besser machen kann, denn ich bin der Experte für Lösungen." Und der Klient: „Ich lasse mir doch hier keine Vorschriften machen und beeinflussen lasse ich mich gar nicht. Ich bin doch kein Depp."

In der Systemtheorie der siebziger und achtziger Jahre des letzten Jahrhunderts wurden folgende Mustertypologien unterschieden: komplementäre, symmetrische und paradoxe.

Die Beschreibung eines komplementären Musters könnte folgende Aussage haben: „Ich bin so stark, weil du so schwach bist" oder umgekehrt: „Ich bin so schwach, weil du so stark bist." Während hier das Gegenteilige im anderen gesehen und betont wird, formuliert eine symmetrische Aussage das Übereinstimmende: „Ich bin so schwach, weil du so schwach bist" oder: „Du bist so stark, weil ich so stark bin." Symmetrische Eskalationen sind dann ein typisches Konfliktmuster nach dem Motto „mehr desselben".

Paradoxe Muster kommen besonders als Kommunikationsmuster häufig vor. Sie sind erkennbar daran, dass zwei Botschaften gleichzeitig gesendet werden, die sich wiedersprechen und nicht zusammen passen. Ein Beispiel für ein paradoxes Muster könnte beispielsweise lauten: „Du bist es nicht wert, dass ich dich liebe, weil du nicht gut genug für mich bist. Solltest du dich aber so ändern, dass du liebenswert bist, dann werde ich dich nicht mehr lieben, weil du dann zu gut für mich bist."

Diese gängigen Grundmuster der Systemtheorie möchte ich ergänzen durch einige nicht-lineare Mustertypologien, die sich besonders durch eine

Veränderung der „Spiel"-Strategie z. B. durch Psychotherapie, Coaching oder Selbstmanagement beeinflussen lassen. Hierzu zähle ich zirkuläre, selbstreferenziell-autonome und ökologische Muster, die als identitätsstiftend und wertedienlich anzusehen sind.

Mit zirkulären Mustern meine ich solche, die sich durch Einnehmen einer Fremdperspektive ergeben. Voraussetzung für ihr Gelingen sind Einfühlungsvermögen, Empathie im Sinne von Mitgefühl, Perspektivewechsel und Kooperationsbereitschaft. Zirkuläre Muster entspringen keiner Vorgabe, sondern entwickeln sich durch die Begegnung und im Kontext. Sie sind fließend, erforschend, ergebnisoffen, voneinander lernend. Dies hat zu tun mit Ankoppeln, mit Brückenschlag, um sich hierdurch einer anderen Wirklichkeit zu öffnen, ohne die eigene aufzugeben oder zu verlieren, sie aber möglicherweise zu verändern – möglicherweise!

Selbstreferenziell-autonome Muster stellen die eigene Identität in den Mittelpunkt. Das Zusammenspiel der Personen im System ist von relativer Unabhängigkeit geprägt. Es gibt verschiedene Berührungspunkte mit anderen und gleichzeitig autonome Bereiche. Dies zeigt sich dann, wenn über das gleiche Ereignis zur gleichen Zeit unterschiedliche und übereinstimmende Gefühle, Zustände, Sichtweisen, Wertungen usw. bestehen können und dürfen. Selbstreferenziell-autonome Muster werden wohl am meisten in koevolutionären Zusammenspielen vorzufinden sein: Hierbei wird das Gemeinsame ständig durch das Individuelle angereichert, was wiederum das Autonome im Individuellen stärkt: ein spiralförmiger Entwicklungsprozess.

Im ökologischen Muster kommt die Sensibilität für das Außen, den Kontext, zum Ausdruck. Das Individuelle kann nicht etwas für sich in Anspruch nehmen, was dem Kontext, der biologisch-psychisch-sozialen und materiellen Umwelt schadet. Der Nutzen für den Einzelnen wird abgeglichen mit dem Nutzen für das Ganze. Die Identität des Einzelnen ist also geprägt durch verantwortliches Handeln. Dies bedeutet für das Individuum, dass es stets die Auswirkungen seines Handelns auf ihre Auswirkungen in größeren Kontexten überprüft und sich damit als verantwortlicher Teil eines Ganzen versteht. Dieses Muster ist auch gut als ein Fraktalmuster zu beschreiben, bei dem sich die Identität eines Teils oder eines Aspekts in der Identität des Ganzen wiederfindet. Ich meine, dies ist ein Muster, das noch viel Unterstützung im Sinne von Schöpfungskraft braucht, um einer neuen Wertigkeit und Weltsicht des Menschseins zu dienen.

Es gibt unendlich viele Möglichkeiten, sich eine passende Wirklichkeit herzustellen oder zu erfinden. Solange diese im Einklang steht mit den eigenen Werten, Zielen oder dem Sinn des Lebens, wird man sich stimmig fühlen, mit sich im Reinen sein, authentisch eben. Der eigene Selbstwert wird durch diese Übereinstimmung groß genug sein, um hieraus die Kraft für das Anstreben der Lebensziele zu schöpfen. Sollte es jedoch zu Diskrepanzen kommen zwischen dem eigenen Selbstbild, so wie man ist, und dem, wie es sein sollte, den Selbsterwartungen also, dann kann das auf Dauer einen deutlichen Problemzustand bewirken. Jetzt kommt es wieder auf die Steuerungstechnik an, also auf die Glaubenssätze und Regeln, ob man diesen Zustand für Verbesserungen nutzt oder ihn eher ungenutzt lässt und deswegen leidet oder sich beklagt.

Ein typisches Lösungsmuster besteht darin, Problemmuster konsequent zu unterbrechen, etwas anders zu machen als bisher, etwas Neues oder auch etwas Ungewöhnliches zu tun. Aber Vorsicht! Hiermit einher geht unweigerlich ein Wandel des bisherigen Selbstkonzepts.

Zwei deutliche Unterscheidungen werden im Folgenden dargestellt: Scheiterstrategien und Erfolgsstrategien als konkretisierte, inhaltsbezogene Umgangsvarianten mit sich selbst und anderen.

3.4.1. Scheiterstrategien: Problemkonstruktionen und Teufelskreise

Scheiterstrategien erwachsen aus der Absicht oder Fähigkeit, einmal gefasste Erwartungen an sich selbst und andere permanent aufrecht zu erhalten und zu generalisieren. Solche Erwartungen werden gespeist durch innere Bilder, die innere Stimme und die Haltung, mit der man sich der Realität „stellt“. Sie erhalten so eine Art hundert Prozent Wahrheitscharakter, sind wider besseres Wissen unumstößlich.

In meiner Praxis habe ich Klienten kennengelernt, die selbst in einem Zustand bedrohlicher Erkrankung noch an ihren Glaubenssätzen und Selbsterwartungen festgehalten haben, obwohl sie selbst überzeugt waren, dass sie ihnen schaden würden, anstatt sich für verbessernde Orientierungen wenigstens versuchsweise zu öffnen. Doch auch hierin können wir eine kompetente Leistung erkennen: An etwas festhalten, bedeutet auch, sich Halt und Sicherheit zu verschaffen – auch wenn der Preis für den Betrachter äußerst hoch erscheint.

3.4.1.1. Problemkonstruktionen

Probleme entstehen nicht von alleine. Sie werden konstruiert. Was für den Einen ein Problem darstellt, bemerkt ein Anderer überhaupt nicht. Ob ein Ereignis zu einem Problem wird, hängt von der eigenen Wirklichkeitskonstruktion ab. Diese wird genährt durch die Art der Wahrnehmung: Worauf ist diese fokussiert? Die Steuerung der Wahrnehmung gehört zu den bewusst regulierbaren Selbststeuerungsprozessen des Menschen. Somit ist die Zuschreibung eines Ereignisses als Problem das Produkt dieser Selbstorganisation. Man hätte auch stattdessen die Wahrnehmung auf etwas anderes richten können, aber...

Aus systemischer Sicht verstehen wir Probleme als eine selbstkonstruierte, „sinnlich-emotional wahrnehmbare Ist-Soll-Diskrepanz“ (eine Beschreibung, die Gunter Schmidt gerne benutzt und die ich mir erlaube, hier zu zitieren). Ein Status quo wird nicht so erlebt, wie er den Vorannahmen nach zu sein hätte. Es besteht keine Übereinstimmung zwischen dem, was erwartet wurde, und dem vorliegenden Resultat. Eine solche Diskrepanz löst in vielen Fällen einen Zustand von Unwohlsein, Stress, Enttäuschung, Ärger, Verletztheit, Misstrauen, Versagen usw. aus. Auch körperliche Diskrepanzsymptome sind denkbar wie z.B. Kopfschmerzen, Magenbeschwerden, Bluthochdruck, Schwindelgefühle oder Sonstiges.

Interessant ist in diesem Zusammenhang die Selbstbeobachtung: Welche Reaktionen erzeugt diese Art von Problemerleben? Was passiert innerlich? Welche Attribuierungen finden statt? Wer wird im Falle des Problemerlebens für die Verursachung verantwortlich gemacht? Zum Beispiel eine oder mehrere andere Personen („Wegen der Kinder“, „Mein Chef ist schuld.“), situative Umstände (das Wetter, der Verkehrsstau)? Macht man sich selbst Vorwürfe – wobei zu unterscheiden ist, ob man sich selbst als ganze Person kritisiert („Ich bin zu trottelig, um die einfachsten Sachen geregelt zu bekommen.“, „Ich schaffe es niemals.“) oder nur die eine oder andere Seite in sich („Es war von Anfang an klar, dass ich das auf diese Weise nicht schaffe.“)? Fügt man sich in sein Schicksal („Jetzt ist es nun mal so.“) oder reduziert man seine Ansprüche, so dass die Erwartungen an den Soll-Zustand in Zukunft verringert werden („Ich habe mir wieder zu viel vorgenommen, ich will in Zukunft realistischer sein.“). Bei den letztgenannten Varianten im Umgang mit Ist-Soll-Diskrepanzen haben wir es bereits mit interessanten Lösungswegen zu tun, auf die wir später ausführlich zu sprechen kommen werden.

Wird die Verursachung des Problems üblicherweise bei anderen oder bei sich selbst gesehen, dann kann dies zu einem weiteren Problemkreislauf führen. Dieser wird natürlich nicht absichtlich herbeigeführt, sondern entwickelt sich – meist mit bester Absicht – unbemerkt. Denn der erlebte Problemzustand regt dazu an, Änderungen vorzunehmen, um die unangenehmen Gefühle in Zukunft nicht mehr zu haben. Die herkömmliche Absicht besteht dann darin, die Diskrepanz zu beseitigen, indem das Problem eliminiert oder reduziert wird. Hierzu werden oftmals solche Lösungsversuche in Anwendung gebracht, die das Problemverhalten direkt angehen, es, zugespitzt gesagt, bekämpfen. In diesem Falle handelt es sich um Lösungen erster Ordnung (Watzlawick). Bei Lösungen erster Ordnung wird allerdings nur die Spitze des Eisbergs gesehen und die Verursachung entsprechend fehlinterpretiert, als ob etwa Stress ein Zeichen von Baldrianmangel wäre. Häufig beginnt hier ein Teufelskreis. Eine persönliche Scheiterstrategie etabliert sich, denn alles dreht sich um das Problem, ohne es wirklich zu beenden.

Typischerweise organisiert sich ein System um das Phänomen Problem herum, so dass die gesamte Aufmerksamkeit auf solche redundante Denk- und Handlungsmuster reduziert ist, die wiederum das Problem im Zentrum haben. Alternative Sicht- und Handlungsmöglichkeiten werden somit ausgeblendet und stehen zur Problemlösung nicht zur Verfügung. Der Umgang mit dem Problem reduziert sich auf bisher vergeblich eingesetzte Interventionen in der Hoffnung, dass sie endlich wirken, wenn man nur genug davon zum Einsatz bringt. Denken Sie nur an die Absicht, mit einer Diät abzunehmen. Ich kenne Leute im persönlichen Umfeld, die daran schon seit Jahrzehnten erfolgreich scheitern. Aus einer Diät werden dutzende, immer wieder andere, angeblich immer wieder bessere, die endlich zum erhofften Ziel beitragen sollen. Und wenn das alles nicht hilft, bleiben ja noch pharmazeutische Präparate und als letzter Ausweg schließlich das Fettabsaugen. Ein Teufelskreis, der durch Fettabsaugen auch nur zeitweise unterbrochen wird.

Übung 6: Problemverflüssigung

ÜBUNG

Nehmen Sie sich bitte einen Moment Zeit und lassen Sie Ihre Aufmerksamkeit eine Weile driften, bis Sie auf ein bislang ungelöstes Problem stoßen, das mit einer wie oben beschriebenen Ist-Soll-Diskrepanz zusammenhängt. Überprüfen Sie außerdem, ob Sie daran interessiert sind, Ihrem Problem gegenüber eine andere Haltung einzunehmen, um hierdurch ihren Problemzustand zu verbessern und erste wichtige Lösungsschritte einzuleiten. Sollten Sie weiterhin an einer Verbesserung und an ersten lösungsfokussierenden Betrachtungsweisen Interesse finden, dann möchte ich Sie jetzt zu einer neuen Erfahrung einladen. Nehmen Sie ein Stück Papier, knicken es in der Mitte, so dass es wie ein Schildchen stehen kann, und schreiben Sie Ihren Vornamen darauf. Sie brauchen noch ein weiteres Schildchen, darauf schreiben Sie das Wort „Problem". Stellen Sie dann noch ein drittes Schildchen her, zunächst ohne Aufschrift.

Jetzt nehmen Sie die beiden beschrifteten Schilder und stellen Sie diese in die Beziehung zueinander, die Sie bei sich selbst feststellen können: Wie ist die Beziehungsgestaltung zwischen Ihnen und Ihrem Problem zur Zeit am besten darzustellen?

Was fällt Ihnen auf an dieser Konstellation? Haben Sie Ihr Problem gut im Blick oder im Rücken oder stehen Sie beide da wie ein Paar? Und wie fühlt sich das an? Lassen Sie diese Konstellation noch so stehen, beantworten Sie folgende (unterschiedsbildende) Fragen und schreiben Sie Ihre neuen Erkenntnisse auf.

Wie heißt Ihr Problem, um was geht es dabei?
Wen oder was halten Sie für den Auslöser des Problems?
Seit wann besteht das Problem?
Wie hoch schätzen Sie die Wahrscheinlichkeit ein, dass die Lösung schon bald realisierbar ist?
Wie hoch schätzen Sie Ihren eigenen Anteil am Zustandekommen der Lösung ein?
Wo tritt das Problem auf? Wo nicht?
Wann tritt das Problem auf? Wann nicht?
Mit wem zusammen tritt das Problem auf? Mit wem nicht?
Erinnern Sie sich daran, wann das Problem zuletzt besonders stark vorhanden war.
Erinnern Sie sich daran, wann das Problem zuletzt nicht vorhanden war.
Wie erklären Sie sich diesen Unterschied?
Was müssten Sie tun, um das Problem zu verstärken?
Was wäre anders in Zukunft, wenn alles so bliebe wie es jetzt ist?
Was wäre anders in Ihrem Leben, wenn das Problem ganz verschwinden würde, es sozusagen nicht gebraucht würde?

Womit werden Sie sich beschäftigen, wenn die Zeit nach dem Problem gekommen ist, und was macht den wichtigsten Unterschied zu jetzt aus? Ist dieser Unterschied für Sie erstrebenswert? Fühlt er sich gut an?
Falls ja, dann schreiben Sie eine kleine Geschichte über sich in diesem Zustand (die Zeit nach dem Problem).
Finden Sie für diesen wünschenswerten, guten Zielzustand ein Symbol und richten Sie Ihre Aufmerksamkeit in den nächsten Tagen vermehrt auf dieses Symbol.
Falls nein, dann überlegen Sie doch einmal, wie es wäre, wenn Sie das Problem als Dauergast ansehen und ihm sozusagen eine Daseinsberechtigung einräumen würden.

Abschließend bitte ich Sie, Ihre kleine Miniskulptur der zwei Schildchen wieder zu beachten und jetzt das dritte Schildchen mit der Aufschrift „Lösung" hinzuzusetzen. Achten Sie darauf, was sich bei Ihnen ändert, wenn die Lösung, die Alternative oder Verbesserung mit ins Spiel kommt, also mit reflektiert wird.

Wie wirkt sich diese Veränderung aus?

Und falls Sie möchten, experimentieren Sie mit dieser Konstellation noch weiter, indem Sie selbst die Blickrichtung und Perspektive der drei Elemente einnehmen und aufgrund Ihrer Erfahrungen verschieben und wieder anders anordnen – so lange, bis Sie die für Sie beste Konstellation erreicht haben.

Wie fühlt sich das jetzt anders an?

Und wenn es sich jetzt als besser erweist, dann nehmen Sie das Bild in sich auf und geben ihm einen Namen – sozusagen als Lösungswort. Schreiben Sie es auf und hängen es für eine Weile an Ihren Kühlschrank oder an den Spiegel in der Garderobe und lassen es wirken.

Praxisbeispiel 3: Problemverflüssigung

PRAXIS

Eine Klientin im Alter von 48 Jahren kommt zu mir zur Psychotherapie. Sie habe schwere Depressionen, berichtet sie, und wisse nicht weiter. Ich gehe

auf die Beschreibungen ihres Zustands ein und stelle eine Reihe unterschiedsbildender Fragen, so wie ich sie oben beschrieben habe. Es stellt sich schon nach kurzer Zeit heraus, dass das, was sie mit dem Begriff Depression beschrieben hat, mit dem Gefühl von Enttäuschung über sich selbst einhergeht. Sie meint, sie hätte mehr aus ihrem Leben machen können, doch sie habe sich für einen Mann entschieden, der keine Kinder hätte haben wollen und der mit seiner Lebenslage als Hotelier zufrieden sei. Die Frage, ob Trennung eine Möglichkeit sein könnte, um sich neu zu orientieren und ihrem Leben mehr Esprit zu verleihen, verneint sie. Denn ihr Mann biete ihr viel Sicherheit, die sie nicht aufgeben wolle.
Im weiteren Verlauf wird deutlich, dass Sicherheit für die Klientin den höchsten Wert hat – sogar zum Preis der Langeweile. Ich biete ihr diesen Gedankengang an. Sie stimmt zu: *„Ja, mein Leben ist wirklich langweilig und das gibt mir ein gutes Gefühl von Sicherheit. Gut, dass mir das jetzt klar geworden ist.“* So kann es kommen, wenn die Methode des Problemverflüssigens behutsam, wertschätzend und absichtslos (es muss sich nichts im Handeln ändern, sondern es kann sich in der Betrachtungsweise das ändern, was den inneren Zielzustand unterstützt) zum Einsatz gebracht wird.
Albert Einstein sagte einmal, man könne Probleme nicht mit den Denkansätzen lösen, durch die sie entstanden sind. Durch meine Berufserfahrung wird diese Aussage täglich bestätigt. Gefragt sind neue Denkansätze. Zunächst ist es wichtig, unsere Beobachtung auf die eigenen inneren Vorgänge zu beziehen, die Abläufe der Selbstorganisation zu verstehen, zu reflektieren und zu evaluieren, um sie dann gegebenenfalls zu variieren und anzupassen. Wenn das Essverhalten gestört ist, heißt das noch lange nicht, dass das Problem durch ein anderes Essverhalten zu lösen ist. Wenn ein Schüler Lern- und Leistungsprobleme in der Schule entwickelt und das für ihn und seine Umgebung zu einem ernsthaften, weil folgenschweren Problem wird, dann kreisen häufig alle Gedanken, Vorhaben und Aktivitäten um dieses Thema. Es wird verstärkt gelernt und geübt, man investiert in Nachhilfestunden, die Eltern nehmen sich mehr Zeit, um mit dem Kind zu üben. Kurzum: Der Druck auf den Schüler wächst, die Erwartungen steigen und steigen. Im Raum steht der Gedanke: Jetzt hat er schon so viel Unterstützung bekommen, wie kann er da seine Umgebung enttäuschen und schon wieder versagen? Sollte es dann doch zu einer weiteren Verschlechterung kommen, hilft vielleicht ein Schulwechsel – das glauben jedenfalls die Beteiligten.

3.4.1.2. Teufelskreise

Einmal im Teufelskreis gefangen, wird es schwer, die Perspektive zu wechseln und sich bei den Problemlösungsversuchen selbst zu beobachten, um zu erfahren, was da eigentlich abläuft und zu welchen Konsequenzen dies führt. Teufelskreise verdichten sich zunehmend und zwar in dem Maße, in dem sich kein wirklicher Erfolg einstellt. Durch das selbstinduzierte Problemmuster „mehr desselben" wird das Tempo beschleunigt und das Ausmaß negativer Auswirkungen wird ständig erhöht. Das Leitmotiv der Scheiterstrategie könnte lauten: *„Ich darf mir keine Blöße geben, ich darf nicht aufgeben, ich mache weiter, weil es doch jetzt endlich klappen muss"* usw. Hierdurch können aus relativ einfachen Schwierigkeiten dramatische Lebensschieflagen werden, so als wenn man mit zunehmender Geschwindigkeit auf einen Abgrund zufährt, anstatt die Geschwindigkeit zu reduzieren, die Richtung zu ändern oder einmal anzuhalten, um sich eine Übersicht über die weitere Route zu verschaffen. Scheiterstrategien machen irgendwie blind für sinnvolle, wertvolle Verbesserungen, die oft mit einfachen Mitteln realisierbar wären, aber nicht den bisherigen Selbstannahmen entsprechen. Es fehlt im Zustand der Problemkonstruktion die Offenheit für anderes als das Übliche – sowohl im Denken wie im Handeln.

Bei diesen beiden Beispielen handelt es sich um Scheiterstrategien, die nicht zum gewünschten Erfolg führen, da sie aus einem Problembezug heraus gestartet wurden. Das Ziel war es, etwas wegzumachen, das Problem zu eliminieren, damit endlich alles besser werden könne. Soweit die Absicht, die jedoch nicht zum gewünschten Ergebnis führen kann. Viele Eltern, Lehrer und Erzieher werden diese mühseligen Versuche kennen, die viel Zeit und emotionalen Aufwand kosten und nahezu nichts bringen.

Aber wie kann das sein? Wodurch kommt es immer wieder zu solch frustrierenden Ergebnissen?

Obwohl im Folgenden das Thema Veränderungsstrategien noch ausführlicher behandelt wird, möchte ich schon hier einige Antworten auf diese Fragen formulieren. Immer dann, wenn wir versuchen, etwas zu beseitigen, das in besonderem Maße der kompensatorischen Aufrechterhaltung bzw. versuchsweisen Stabilisierung der Systemhomöostase dient, wird dieser Versuch Folgendes bewirken:

Die Kompensationsbemühungen werden zunehmen.

Das Problem wird verstärkt.

Das Problem wird möglicherweise umgelenkt und auf ein anderes Problemphänomen verschoben.

Erklärt wird dies damit, dass Attacken gegen ein Problem immer auch Attacken gegen positive Absichten der (unbewusst wirksamen) autonomen Selbstorganisation sind. Das System fühlt sich irritiert, gestört und setzt sich zur Wehr, um die Absicht, eine Art kompensierter Balance zu bewahren, aufrecht zu erhalten.

Therapeutische Konzepte, die so arbeiten, stellen sich gegen die Person, anstatt ihr zu helfen, die Abläufe passgenau und integrativ für die Klienten zu transformieren.

Teufelskreise sind meines Erachtens das Ergebnis zweier unterschiedlicher nicht zeitgleich kompatibler Welten: der Welt der Gefühle und der Welt der funktionalen Strategien (wird hier gleichgesetzt mit den unterdrückenden Gefühlen), deren beider Potenziale nicht angemessen aufeinander bezogen werden. Die Welt der funktionalen Strategien will – sinnbildlich gesprochen – die Welt der (Selbst-) Gefühle, und hierzu gehören im Falle von Problemen innere Zustände wie Anstrengung, Stress, Verzweiflung, Abwertung und Selbstabwertung, Gesichtsverlust, Versagensängste, Verletztheiten usw. übergehen oder gar unterdrücken, um schnell zu einer Verbesserung durch alternative Denk- und Handlungsstrategien beizutragen. In dem Maße, in dem die emotionale Seite der Probleminszenierung jedoch übergangen oder gar ausgeklammert wird, kommt der Selbstorganisationsprozess in eine Schieflage, die durch weitere funktionale Strategien nicht zu beheben ist. Die Schieflage wird stattdessen stärker, d. h. die emotionale Beunruhigung, Unsicherheit oder Verletztheit nimmt an Intensität zu.

Notwendig erscheint mir bei aller positiven Veränderungsabsicht immer die echte Wertschätzung für die emotionale Seite des Teufelskreises. Erst wenn deutlich wird, wie groß das Missverhältnis zwischen Aufwand und Ertrag ist, kann ein Wandel eingeleitet werden. Dieses Missverhältnis bedarf zunächst jedoch der Würdigung entweder durch sich selbst oder durch andere. Vorschnelle Veränderungsvorschläge, die den Teufelkreis und damit die Scheiterstrategie begünstigen, entstehen häufig aus der Sicht Außenstehender und sind zu selten auf das innere Selbstkonzept einer Person passend abgestimmt.

Es ist also besonders wichtig, das Problem als Lösungsleistung für eine anfängliche Schwierigkeit oder Herausforderung anzusehen und entsprechend zu würdigen.

Unter systemischen Gesichtspunkten ist in jeder Problemkonstruktion ein bedeutungsvoller Anteil an Kompetenzen und Potenzialen zu sehen, wenn man nur hinschaut. Diese zu entdecken hat sich der systemisch-integrative Ansatz zur Aufgabe gemacht mit der Konsequenz, das Neue in jedem essenziellen Veränderungsprozess in Einklang zu bringen mit den bewahrenswerten Anteilen des Bisherigen.

Das Neue darf nicht gegen das Alte ausgespielt werden. Fingerspitzengefühl ist gefragt und ein hohes Maß an (Selbst-) Empathie, wenn es darum geht, die Zukunft neu zu gestalten. Die Lösung besteht darin, das Annehmbare im Neuen zu erkennen und sich hiermit allmählich vertraut zu machen, ohne sich gegen das Bisherige zu stellen. Das Annehmbare im Neuen macht die eigentliche Veränderung aus – und ob das viel oder wenig ist, kann nur die betroffene Person selbst entscheiden, dagegen niemand Außenstehendes, auch keine Therapeuten oder Berater.

Praxisbeispiel 4: Musterunterbrechung

PRAXIS

Ein Klient kommt in meine Praxis, weil er beim öffentlichen Reden massive Schwierigkeiten hat. Es gehört zu seinen Aufgaben als Wissenschaftler, seine Ergebnisse weltweit zu präsentieren, eine Arbeit, die er hasst, weil er lieber alleine im Labor tüftelt, als vor Publikum zu sprechen. Seine Probleme zeigen sich vor Publikum in Schweißausbrüchen, Kälteschocks, Stottern, Zittern und Übelkeit.

Wie immer frage ich nach bisherigen Lösungsversuchen und erfahre, dass bislang ausschließlich Lösungsversuche erster Ordnung erprobt wurden, also solche, die zumindest in diesem Kontext das Problem verstärkt haben. Hierzu gehörten Strategien wie Beruhigungsmittel, Deodorants in allen Stärken, Auswendiglernen der Texte, etwas in den Händen halten, damit sie nicht zittern, das Kongresszentrum nicht finden und sich damit den Vortrag sparen, aber den Zorn der Chefetage hervorrufen usw.

Nach einer halben Stunde ist die Sache klar:

Nicht das Sprechen ist das Problem (sondern wie so oft die Lösung!), sondern die Selbstannahme „*Ich bin völlig uninteressant. Mir hört sowieso keiner zu. Was ich zu sagen habe, ist unwichtig für die Zuhörer.*“ usw. Wie wir aus der Praxis wissen, handelt es sich hierbei um reale Erfahrungen aus einer anderen Zeit – und hierfür war die Lösung, nichts mehr zu sagen, völlig passend.

Diese Sichtweise ist für den Klienten ganz neu. So hat er es noch nicht gesehen, stimmt diesem Angebot allerdings schnell zu. Ich lade ihn ein, sich den kleinen Jungen vorzustellen, der er einmal war und ihm für seine Cleverness zu danken, nicht mehr mit den Leuten zu sprechen (auch nicht mit der eigenen Mutter), die ihm nicht zugehört haben und ihn mit seinen Erzählungen im Regen stehen ließen. Er hält dies für einen ungewöhnlichen, aber netten Gedanken, den er ganz real im Therapiezimmer umsetzt.
Danach frage ich ihn, wie das so ist auf diesen Kongressen: Sind die Zuhörer alle gezwungen, dorthin zu kommen und den neuesten Erkenntnissen der Wissenschaft zu lauschen? *„Einige schon"*, meint er, *„aber die meisten nicht."*
Nun ist es Zeit für ein Lösungsangebot. Ich frage den Klienten, ob der kleine Junge früher gerne mit jemandem geredet hätte, der ihm gerne zugehört hätte. Der Klient bestätigt dies und ich frage ihn, was der kleine Junge dem Großen empfehlen würde, wenn dort die meisten Zuhörer kämen, um sich zu informieren und nur einige dort wären, weil sie müssten.
Es kommt die erwartete Antwort und wir machen einen Praxistest: Der Klient soll sich beobachten, wie er am Podium steht und bald beginnt, zu den Zuhörern über seine für ihn wichtigen Ergebnisse zu sprechen. Vorab soll er jedoch einschätzen, ob die meisten Anwesenden im Publikum aus Interesse oder Desinteresse gekommen sind. Sollte die Einschätzung so ausfallen, dass die überwiegende Zahl der Zuhörer aus Desinteresse gekommen sind, dann haben diese auch nichts anderes verdient als einen schwitzenden, stotternden und zitternden Referenten. Sollte er es jedoch anders einschätzen, dann kann (!) er jetzt endlich einmal die Gelegenheit nutzen, auf die der kleine Junge immer gewartet hatte: Denen etwas erzählen, die einem zuhören wollen.
Dieses Beispiel aus meiner psychotherapeutischen Arbeit soll verdeutlichen, wie es möglich ist, aus einer selbstorganisierten Scheiterstrategie eine Erfolgsstrategie zu entwickeln.
Hier noch einmal die einzelnen Schritte:

1. Informationsgewinnung

Worin besteht das Problem?
Was wurde bisher schon versucht, um dieses Problem zu lösen?
Wohin würde es führen, wenn man das Problem beibehielte?

2. Problemerkundung

Worin besteht die Ist-Soll-Diskrepanz?
Wodurch wird diese konstruiert und aufrecht erhalten?

Suche nach der Regel und Selbstattribuierung: Welche Vorerfahrung hat es gegeben?
Reframing für das damalige Handlungsmuster: Es ist völlig passend, nicht mehr zu reden, wenn doch keiner zuhört.

3. Querdenken als Interventionsstrategie

Erste Versuche der Musterunterbrechung durch einen angebotenen Perspektivewechsel (Sind alle Zuhörer gezwungen worden, zum Vortrag zu kommen?).

4. Einführung eines neuen Elements zur Überprüfung einer möglichen Lösungsvariante

Der kleine Junge gibt an den Älteren einen Ratschlag: Mit denen reden, die einem zuhören.

5. Platzierung der Lösung durch Utilisierung des Problems

Überprüfen, ob die meisten Zuhörer Interesse haben oder desinteressiert sind. Bei Desinteresse das ursprüngliche „Problemverhalten" zeigen, bei Interesse denen berichten, die bereit sind zuzuhören, also das tun, was der kleine Junge immer wollte.

Was immer der Klient in Zukunft tut: Er kann nichts falsch machen und sein Problem hat einen Sinn bekommen. Es wird also als ebenso nützlich angesehen wie die neue Handlungsvariante.

3.4.2. Erfolgsstrategien

Das aktive, bewusste Steuern der Selbstorganisation ist ein wichtiger, nahezu unabdingbarer Prozess im Umgang mit sich selbst, zur Lösung von Problemen und zur Erreichung von Zielen. Allerdings werden wir auch bei relativ gut abgestimmter Selbstorganisation weiterhin mit Schwierigkeiten konfrontiert und müssen somit immer wieder auf Herausforderungen reagieren. Die Probleme im Alltag werden zunächst nicht weniger, aber der Umgang mit schwierigen Ereignissen und Erlebnissen, mit Herausforderungen, kritischen Situationen und unerwarteten Konflikten kann bewusst und gezielt gewandelt werden, um in Balance zu bleiben und erfolgreicher zu werden. Unter Erfolg verstehe ich hier eine aktive Steuerung der Selbstorganisation psychischer Systeme zur Umsetzung selbst gesteckter Ziele und Absichten. Hierzu bedarf es der geeigneten Mittel. Voraussetzung für eine funktionierende Erfolgsstrategie sind deshalb Kenntnis und Auswahl passender Mittel und Wege. Ein Ziel zu haben, ist für sich genommen noch lange kein Erfolg. Man muss etwas dafür tun, will man es erreichen!

Früher konnte man Ansehen und Erfolg erlangen, indem man zum königlichen Hof gehörte; zur Zeit des Calvinismus hieß das Motto „Leben um zu arbeiten", und erst seit einigen Jahrzehnten hat sich so etwas wie individueller Erfolg entwickelt. Heute ist es dem Menschen möglich, sein Leben nach seinen Werten, Visionen, Träumen und Absichten zu gestalten. Die vielfältigen Möglichkeiten unserer Zeit machen das Leben nicht unbedingt leichter, sie können es aber interessanter machen. Dennoch wird die gegenwärtige Freiheit von vielen Menschen als Bedrohung erlebt. Ihnen wäre es lieber, eine klare Ordnung, Traditionen und Rituale würden weiterhin bestehen. Diese jedoch sind heutzutage immer seltener zu finden. Der Einfluss des Staates auf den Einzelnen, der Einfluss der Kirchen und selbst der Einfluss der eigenen Herkunft wird immer geringer. In dieser Zeit ist Eigenständigkeit gefragt und dies beinhaltet die Möglichkeit, sich eigene Ziele zu stecken und eigene Absichten zu verfolgen.

Die Definition von Erfolg ist nicht festgelegt und daher bedeutet Erfolg für jeden etwas anderes. Reichtum und materieller Besitz werden heute häufig als äußere Symbole des Erfolgs betrachtet, sind aber nicht der Erfolg selbst. Erfolgreich zu sein, ist ein sinnlich-emotional wahrnehmbarer Zustand, ein tiefes Gefühl, das Zufriedenheit, Glück und Erfüllung auslöst. Dieser Zustand kann erwachsen aus der Beschäftigung mit einer Aufgabe, aus einer glücklichen Beziehung, einem erfüllten Lebenstraum usw. Erfolg kann in der Einfachheit, Stille oder Dankbarkeit ebenso begründet sein wie im pulsierenden Geschäftsleben. Jeder kann heute selbst festlegen, was Erfolg für ihn oder sie bedeutet.

Um dem persönlichen Erfolg eine Chance zu geben, ist es wichtig, ihn zu mögen. Neid oder Verachtung anderen gegenüber stehen dem eigenen Erfolg im Weg. Es ist wohl kaum möglich, erfolgreiche Menschen zu beneiden oder zu verachten und gleichzeitig selbst erfolgreich werden zu wollen. Konkurrierendes Denken kann also eher als Misserfolgsfaktor angesehen werden. Dagegen werden wir erfolgreich immer erst durch andere oder mit anderen gemeinsam. Zu nennen sind hier die Herkunftsfamilie, Freunde, die Partnerin oder der Partner, Kollegen, Vorgesetzte, Lehrer und die eigenen Kinder. Erfolg kann sich durch Dankbarkeit und Respekt ebenso ausdrücken wie durch Bescheidenheit. Das ist dann wahre Größe.

Aber ist Erfolg überhaupt erlaubt? Darf er ein Ziel sein, einen hohen oder höchsten Wert darstellen? Jede und jeder kann für sich überprüfen, welche Einstellung sie oder er zum eigenen Erfolg im Leben hat. Viele Menschen wussten schon immer, „dass man da nichts machen kann", „dass das niemals gelingen wird", „dass man da nicht gegen ankommt". Genau so wird es dann auch sein und selber braucht man nichts zu tun. Man kann sich getrost in die Opferrolle begeben und leiden. Macht und Einfluss haben immer nur die anderen, man selbst sieht sich als machtlos an. Manchmal erscheint es mir so, als wenn diese Haltung die wichtigste Trophäe ist im Kampf gegen eine mögliche Verbesserung des eigenen Lebensgefühls.

Das Paradies im eigenen Leben stellt sich nicht von alleine ein, man muss schon etwas dafür tun. Und der erste Schritt kann darin bestehen, die eigene Einstellung und die vorhandenen Denkmuster zu überprüfen und dahin gehend zu ändern, dass die Lebensenergie wieder ins Fließen kommen kann.

Gelingen setzt Vertrauen in die eigenen Möglichkeiten, Kompetenzen und Ressourcen voraus, damit man sich nicht länger vom Leben bestimmt vorkommt, sondern es im Sinne seiner eigenen Absichten, Ziele und Wünsche gestalten kann.

Durch meine langjährige Praxiserfahrung als Psychotherapeut, Lehrtherapeut und Coach hatte ich mit einigen tausend Personen zu tun: Klienten, Ausbildungsteilnehmer oder Coachingkunden. Von ihnen konnte ich lernen, welche Erfolgsstrategien zu einer wirkungsvollen und anhaltenden Verbesserung, Veränderung oder Heilung beigetragen haben. Die hier beschriebenen Strategievarianten wurzeln demnach in meinen Beobachtungen und stammen aus eigenen Erfahrungen.

3.4.2.1. Ziele festlegen

Um Erfolg zu haben, muss man wissen, wohin die Reise gehen soll. Die Richtung sollte klar sein, denn es macht einen Unterschied, ob es Richtung Norden oder in den tiefen Süden geht, ob es sich bei der Reise um einen Kamelritt durch die Wüste oder um eine Kanufahrt durch ein ruhiges, norddeutsches Gewässer mit bester Infrastruktur handelt. Wenn wir in Zukunft etwas Bestimmtes ernten wollen, dann sollten wir es beizeiten säen. Denn geerntet werden kann nur das, was vorher gesät wurde (Fragen Sie Ihren Landwirt!).

Noch wichtiger als das Ziel selbst ist jedoch die Frage, was durch die Zielerreichung eigentlich erreicht werden soll: Welche Erfahrung, welcher Wert, welcher Zustand oder welcher Sinn wird mit der Erreichung des Ziels verknüpft? Welcher Nutzen wird anvisiert? Natürlich besteht das Ziel eines Formel-1-Fahrers darin, als erster die Ziellinie zu überfahren. Natürlich besteht das Ziel eines Unternehmens darin, den Umsatz, die Gewinnmarge oder die Kundenanzahl zu erhöhen. Und natürlich möchten Klienten durch die gewählte Psychotherapie ihr Symptom loswerden oder ihr Problem lösen. Aber was dann? Wozu? Es geht also darum, zusätzlich zur Zielfindung dem dann Erreichten einen Sinn, eine sinnstiftende Bedeutung zuzuschreiben.

Auch in meiner Arbeit gehe ich so vor, dass ich die Klienten nicht nur nach dem Ziel der therapeutischen Arbeit frage, sondern zusätzlich nach dem hierdurch angestrebten, wünschenswerten Zielzustand. Hiermit kann gleichzeitig überprüft werden, ob es diesen Zustand nicht schon längst gibt, das Ziel also eher redundant ist. Oder ob der Zustand bei Zielerreichung eher unerwünscht ist und deshalb das Ziel nur widerwillig angepeilt wird. Ziel und Auswirkungen des erreichten Ziels sehe ich als zwei Seiten der gleichen Medaille. Sie gehören unbedingt zusammen, damit der gewünschte Erfolg organisierbar werden kann.

Ziele entwickeln sich aus der Absicht, entweder etwas Bestehendes zu verbessern, etwas Neues zu kreieren oder etwas Bewährtes zu erhalten. Hilfreich ist es festzustellen, welche Hindernisse es auf dem Weg zum Ziel geben könnte. Vor allem gilt es, solche Hürden zu entdecken, die mit der eigenen Selbstorganisation zu tun haben: Hindernisse im Denken, Fühlen und Handeln. Welche Scheiterstrategien könnten wirksam und damit hinderlich werden? Welche Selbstattribuierungen und Regeln darüber, wie man zu sein hat und wie nicht, könnten im Weg stehen? Es ist wichtig, sich bei allem Zieloptimismus ebenso hierfür zu interessieren, um dem Scheitern keine Chance zu geben. Ziele sollten immer positiv im Sinne von erreichbar formuliert werden. Es hat keine zielerreichende Wirkung zu sagen: „Ich versuche, nicht mehr so viel zu arbeiten." Nein, darin steckt keine Kraft. Stattdessen könnte das Ziel eines fleißigen Arbeitstiers mit zwölf Arbeitsstunden täglich zum Beispiel lauten: „Ich arbeite werktags acht Stunden, betreibe jeden Tag eine Stunde Sport und verbringe das Abendessen gemeinsam mit meinen Freunden oder mit meiner Familie."

Die Formulierung sollte so gewählt werden, dass die betreffende Person sich im Ziel befindet und mit ihrem inneren Auge auch so wahrnimmt.

Wichtig ist die Frage nach dem Gefühl, das auftritt, wenn das Ziel formuliert wird. Wird hiermit ein angenehmer Zustand erlebt wie Zufriedenheit, Freude oder Glück? Ist dies nicht der Fall, dann hat auch diese Zielaussage keine Kraft und wird zum Misserfolg führen.

In der systemischen Arbeit frage ich immer nach Zielen und den damit verbundenen Gefühlszuständen, denn ohne Ziel ist die Arbeit beliebig: Sie kann potenziell überall hingehen und alles ist dem Zufall oder dem Expertentum des Therapeuten überlassen (schließlich müsste er ja eigentlich wissen, was man als Klient braucht). Zielaussagen schreibe ich fast immer auf das Flipchart, damit der Klient seine Gedanken und inneren Bilder sortieren kann.

Ziele brauchen eine emotionale Färbung, eine atmosphärische Aura, um Bedeutung zu erlangen und wirksam zu werden. Hier helfen Visualisierungen und kinästhetische Erfahrungen. Bei Zukunftsbeschreibungen arbeite ich gerne mit Natursymbolen, gemalten Bildern oder Collagen, damit sich Stimmungen entwickeln können, die im Verbalen nicht ausgedrückt wurden. Wenn der Klient einen Stein berührt oder eine Blüte in der Hand hält als Symbol für seine Zukunft, dann hat dies eine tiefere Wirkung als alleiniges Sprechen. Hierdurch können neue Denkmuster entstehen und das Bewusstsein wird auf Optionen gelenkt, die sich mit dem Wünschenswerten verbinden.

Übung 7: Zielfindung

ÜBUNG

Bitte schreiben Sie sich jetzt ein Ziel auf, etwas, das Sie bald erreichen möchten. Sollten Sie zu den Unruhigen und Gestressten gehören und Ihnen das eine Last sein, dann könnten Sie formulieren: „Ich bin ruhig und entspannt."

Mein Ziel:

____

____

Jetzt frage ich: Angenommen, Sie haben Ihr Ziel erreicht und sind ruhig und entspannt, welche Gefühlslage, welchen inneren Zustand erleben Sie dann? Bei der Zielsetzung „Ich bin ruhig und entspannt" könnte als Gefühlslage genannt werden: „innerer Friede“ oder „Ausgeglichenheit“, „Gelassenheit“ oder Ähnliches. Skalieren Sie als nächstes den damit verbundenen wünschenswerten Zielzustand, also das Gefühl oder die Gefühlslage, die sich einstellt, als Sie Ihr Ziel erreichen. Der Wert 0 bedeutet, es ist so wenig wie möglich, der Wert 10 bedeutet, es ist das Maximum erreicht. Im Beispielfall strebt der Klient als Ziel die 7 an.

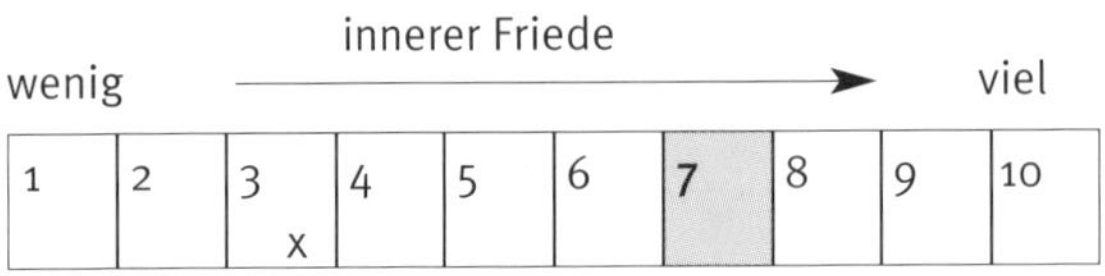

Danach frage ich den Klienten, auf welchem Wert auf der Skala er sich momentan befindet. Angenommen, er bewertet sich in puncto „innerer Friede“ bei 3, dann kann ich unterstellen, dass es bereits einige Ressourcen gibt, die ihm schon jetzt als Potenzial zur Verfügung stehen. Die Reise geht also von 3 in Richtung 7. Somit konnten das Reiseziel und die Bedeutung der Reise für den Klienten herausgearbeitet und visualisiert werden.

Als weitere zielführende Fragen können sich anbieten:

Wann war Ihr Zustand in Bezug auf das Ziel zuletzt unter 3, wann zuletzt über 3?

Wie erklären Sie sich diesen Unterschied?

Welche bislang weniger genutzten Persönlichkeitsanteile könnten sich an einer Verbesserung des Zielzustands beteiligen?

Welches ist das erste Anzeichen, an dem Sie feststellen können (auch körperlich), dass die Reise losgeht von 3 in Richtung 7?

Was haben Sie anders gemacht, gedacht, wahrgenommen, um diesen Unterschied zu bewirken? usw.

Erfolgreiche Menschen haben den „best case“ im Blick, das Bestmögliche. Hierauf gilt es vorbereitet zu sein, denn wäre es nicht fatal, der so sehnlich erwünschte Zielzustand wäre erreicht und man wäre nicht darauf vorbereitet, ihn zu erleben und zu genießen? Oder man würde es versäumen, zur rechten Zeit mit den Hindernissen darüber zu verhandeln, wie sie sich in nützlicher Weise für die Zielerreichung einsetzen könnten – vorausgesetzt es gelingt, die Hindernisse dadurch mit ins Boot zu bekommen, dass man sie

als wichtige Ressourcen, z. B. als Informanten, Feedbackgeber, Seismographen oder Wächter – z. B. bei überhasteten Vorhaben – anzusehen und einzusetzen, denn wer außer einem selbst sollte es sonst tun?
Um sich erfolgreich auf den Weg zu neuen Ufern zu machen, ist es ratsam, sich von allem Überflüssigen zu befreien. Altlasten können zu leicht den Weg des Neuen behindern oder erschweren. Deshalb macht es Sinn, eine Bilanz zu ziehen und sich genau zu überlegen, was man hinter sich lassen kann, wovon man sich verabschieden sollte, um die Energie freizusetzen für das neue Projekt. Loslassen ist angesagt, um das Annehmen zu erleichtern bzw. zu ermöglichen. Virginia Satir sagte in diesem Zusammenhang: *„Du kannst immer probieren wie es schmeckt, schlucke aber nur das hinunter, was zu dir passt und was für dich gut ist."* Die Zukunft kommt in jedem Fall, ein Ziel jedoch kommt selten von allein. Um es zu erreichen und damit für sich einen Erfolg zu verbuchen, gibt es einiges zu tun. Es gilt, proaktiv zu handeln.

Übung 8: Annehmen und Loslassen ÜBUNG

Dies ist eine Geschichte, die ich manchmal Klienten oder TeilnehmerInnen in unseren Seminaren erzähle oder auch als Outdoor-Übung, also ganz real, mit ihnen durchführe.
Bitte sieh dich selbst, wie du auf dem Weg des Lebens durch diese Landschaft spazierst, dich in die eine Richtung bewegst, dem Horizont zu und in Richtung Zukunft. Auf deinem Rücken dieser Rucksack, der prall gefüllt ist mit Informationen, Annahmen, Ideen und Vorstellungen, Einstellungen, Handlungsmaximen, Vorhaben und Vorgaben und vielem mehr. Du trägst wie immer diesen Rucksack auf deinem Rücken und kommst allmählich zu dieser Brücke über den Fluss. Irgendetwas rät dir, zum Flussufer hinunter zu gehen und den Fluss mit seiner ganzen kraftvollen Fließenergie zu betrachten. Er ist auf dem Weg zu seinem Ziel, dem Ozean. Unterwegs wird er noch mit vielen anderen Flüssen zusammenkommen und dann vereint weiterfließen, immer breiter, größer und kraftvoller, bis er sich in die Weiten des Meeres ergießen kann. Jetzt hast du die Möglichkeit, den Inhalt deines Rucksacks zu überprüfen, ganz für dich alleine und in Ruhe. Du kannst all das herausnehmen, was für deine Zukunft nicht mehr passend und brauchbar erscheint. Es ist der Zeitpunkt für eine Neuordnung gekommen. Hier am Fluss zu entscheiden, was du in die Zukunft mitnehmen wirst und was du bereit bist loszulassen.

Du kannst aus den dort liegenden Aststücken kleine Flöße herstellen, auf die du jeweils das lädst, was du abgeben willst. Du kannst dich verabschieden, es auf das Floß legen und dem Fluss übergeben. Der hat die Kraft, es dorthin mitzunehmen, wo es vielleicht gebraucht wird. Überprüfe genau, was du abgeben willst, um Energien freizusetzen für Neues, Wertvolles, Wünschenswertes, für deine Ziele und Visionen.
Wenn du soweit bist und losgelassen hast, wird es Zeit weiterzugehen. Über die Brücke und dem Weg folgend weiter Richtung Zukunft. Vielleicht kannst du den Unterschied spüren: Wie fühlt es sich jetzt anders an? Vielleicht ist es ein komisches Gefühl, ein wenig leer oder ungewöhnlich leicht? Die Landschaft ändert sich und wird zu einem wunderschönen Park mit unendlichen Blumenwiesen, blühenden Sträuchern und herrlichen Bäumen bekannter und unbekannter Art. Die Landschaft lädt dich ein, für jedes Element deiner Persönlichkeit, das in Zukunft noch mehr oder überhaupt zum ersten Mal zur Geltung kommen soll und darf, ein Natursymbol mitzunehmen. Jetzt kannst du aus dem Vollen schöpfen und auswählen, was dir zusagt: ein Symbol für deine Kreativität, ein anderes für deine Lebendigkeit, dann für deine Selbstachtung usw., bis du einen ganzen Strauß voller Blumen und Blüten und Zweige gesammelt hast in dem Bewusstsein: All das gehört zu dir, all das bist du. Und unbemerkt hast du inzwischen die Spitze des Hügels erreicht, von dem du einen wunderbaren Blick in alle Himmelsrichtungen hast – auch in deine Zukunft. Am Horizont kannst du dir ein Bild kommen lassen, in dem du dich siehst, wie du dich in Zukunft auf eine ganz selbstverständliche Art und Weise mit all deinen Seiten, deinen Fähigkeiten, Eigenschaften, Gedanken und Gefühlen durch die Zukunft bewegst und dabei wahrnehmen kannst, dass du deinen wünschenswerten Zielzustand erreicht hast und glücklich bist, was immer das für dich bedeuten mag.

3.4.2.2. Potenzialorientierung

Klienten sind meistens Weltmeister in der Kenntnis ihrer Probleme und können diese haarklein schildern. Die Frage nach Erfolgen, Höhepunkten im Leben, guten Erfahrungen oder erfüllenden Momenten kann dann zunächst einmal ins Leere treffen. Entweder ist es schon so lange her, dass man sich kaum erinnern kann oder die Ereignisse sind „nicht der Rede wert“. Dennoch ist es für den angestrebten Erfolg wichtig, frühere Sternstunden und Höhepunkterlebnisse wiederzuentdecken und sie als Ressourcen oder Kraftquelle für zukünftige Vorhaben zu sehen und zu kommunizieren. Erfolgserlebnisse und Ressourcenzustände sind bei näherem Hinschauen immer vorhanden, es ist nur eine Frage der Betrachtungsweise. Ihre Suche und Wiederentdeckung steht auf der Liste der Erfolgsstrategien ganz oben. Hilfreich ist auch die Entdeckung von Vorbildern, die das bereits können, was man selbst erst noch anstrebt.

Verbesserungen und Erfolge werden generiert, indem die notwendigen Potenziale bekannt sind und benannt werden können. Auch für die systemisch-integrative Psychotherapie und Beratung ist die Potenzialprämisse von grundlegender Wichtigkeit. Hiermit ist gemeint, dass Therapeuten und natürlich auch andere Berufsgruppen wie z. B. Pädagogen oder Führungskräfte die Aufmerksamkeit durchgängig auf Kompetenzen, Potenziale, Fähigkeiten, Expertisen und Ressourcen ausrichten, statt schwerpunktmäßig auf Defizite oder Misserfolge. Hierdurch kann sich der eigene Selbstwert oder der der Klienten erhöhen, das Selbstgefühl kann gestärkt werden.

Durch die Ressourcen- und Potenzialorientierung wird der Selbstwert einer Person aufgebaut und/oder weiterentwickelt. Der persönliche Selbstwert ist von großer Bedeutung für das weitere zielorientierte Gelingen, denn er unterstützt den Mut und die Freude, etwas zu riskieren.

Menschen sind oftmals ängstlich vor möglichen Neuerungen und bleiben gerne beim Bisherigen, auch wenn dies mit hohen „Nebenkosten" verbunden ist. Neugier kann in solchen Fällen zum Anreiz werden, um sich mit neuen Möglichkeiten vertraut zu machen. Neugier wirkt selbstmotivierend, wie man leicht aus der Beobachtung von Kindern schließen kann. Nichts motiviert sie besser als Neugier – eine Grundfähigkeit, die es bei vielen Menschen wiederzuentdecken gilt. Neugier macht lebendig, weckt Interesse und führt mit weiteren Schritten hin zu etwas mehr Mut. Jeder war schon einmal mutig und somit kann diese frühere Erfahrung zu einer weiteren Ressource im Klub der Veränderungsagenten werden. Mut kann sich verbinden mit Abenteuerlust – etwas erleben, etwas anders machen, vielleicht erst einmal versuchsweise, um dann hierdurch angeregt zu werden, das Risiko zum wirklich Neuen einzugehen. Was das wirklich Neue ist, wissen nur die Klienten selbst. Vom Therapeuten werden hierzu keine Vorgaben gemacht.

ÜBUNG

Übung 9: Meine Kompetenzen

In der psychotherapeutischen Arbeit, im Coaching und auch in den Weiterbildungsseminaren lade ich die Teilnehmenden gerne dazu ein, sich ein Bild ihrer Kompetenzen zu machen.

Von Helmut Willke habe ich die Anregung erhalten, als Metapher das Bild eines Baumes zu benutzen: der Baum der persönlichen Erkenntnis. Bitte zeichnen Sie jetzt auf ein großes Stück Papier einen Baum mit Wurzeln, Stamm, Ästen und Blütenblättern. Wenn Sie möchten, malen Sie alles mit Farben aus.

Dieser Baum hat wie alle Bäume zunächst einmal Wurzeln. Diese geben dem Baum Halt und einen Standpunkt . Hier wird die Frage nach den vorhandenen Werten, nach dem Sinn, nach der grundlegenden Bedeutung, der Wichtigkeit und der Erkenntnis gestellt.

Schreiben Sie nun alles Ihnen Wichtige hierzu in den Bereich der Wurzeln. Schreiben Sie in das Bild hinein und verbinden Sie dadurch die Bedeutungen mit dem Symbolischen.

Weiter oben haben Sie sich schon durch die Übung 3 „Bestandsaufnahme meiner inneren Werte“ (siehe Seite 34) hierauf vorbereiten können.

Als Zentrum des Baumes wird hier sein Stamm angesehen, sein Kraftzentrum. Hier stellt sich die Frage nach den wichtigen und wichtigsten Lern- und Lebenserfahrungen:

Welche Erfahrungen, zum Beispiel auch aus der Kinder- und Jugendzeit, haben Ihr späteres Leben als Erwachsener mit beeinflusst:
Haben Sie sich z. B. viel sportlich betätigt?
Haben Sie Theater gespielt?
Waren Sie vielleicht Messdiener, Mitglied in einer Jugendgruppe oder in einem Chor?
Welchen Schultyp haben Sie besucht?
Sind Sie als eher musisch, handwerklich, sprachlich oder mathematisch talentiert eingestuft worden?
Waren Sie Klassensprecher oder studentischer Tutor?
Wann haben Sie zum allerersten Mal eigenes Geld verdient?
Welches Land haben Sie zuerst bereist?
Wohin hat Sie Ihre weiteste Reise gebracht und welche Situationen haben Sie dort gemeistert?
Welche Bekanntschaften haben Sie im Leben weitergebracht?

Bitte gehen Sie die verschiedenen Stationen Ihres Lebens durch und stellen Sie dabei fest, welche Besonderheiten es in Ihrem Leben bislang gab, welche herausragenden, gravierenden und vielleicht nur unterschwellig einflussreichen Gegebenheiten Ihr Leben Ihnen bislang geliefert hat. Schreiben Sie am besten eine Chronologie Ihrer Lern- und Lebenserfahrung.
Die Äste symbolisieren dann die Kompetenzen, Fähigkeiten, Ihr Wissen, Ihre Expertise und Talente, kurzum das gesamte Spektrum Ihres Potenzials. Tragen Sie alles in das Baumbild ein. Vielleicht können Sie gut zuhören oder delegieren, sind zuverlässig oder witzig usw. Möglicherweise sind Sie ein guter Gastgeber, Tänzer oder Redner. Sie haben eine „grüne Hand" oder kochen hervorragend. Auch Ihre beruflichen und fachlichen Fähigkeiten gehören in diesen Bereich des Baumbildes.
Schließlich werden die Knospen am Ende der Äste als das zu Entwickelnde betrachtet, das Neue, das Zukünftige, Ihre Zukunftsziele und Entwicklungsrichtung, Projekte und Absichten. Was möchten Sie weiterentwickeln und zum Erblühen bringen, zur Entfaltung? Hierzu gehören auch Aussagen über die wünschenswerte Lebenslage und das erstrebenswerte Selbstgefühl.
Betrachten Sie jetzt noch einmal den Baum als Ganzes, Ihren persönlichen Erkenntnisbaum, der Ihnen mit Sicherheit wichtige Informationen über Ihr Kompetenz- und Potenzialprofil geben kann.

Virginia Satir, die Begründerin der „Conjoint Family Therapy" und forschende Mitwirkende am Mental Research Institute in Palo Alto in den 60er- und 70er-Jahren, war bis zu ihrem Tod 1988 oft in Deutschland und Europa und lehrte hier ihr Konzept menschlicher Prozesse für die Settings der Einzel-, Paar- und Familientherapie sowie für Gruppenarbeit. Ich habe Sie selbst und ihre komplexe, vielschichtige Arbeitsweise in einer dreiwöchigen internationalen Veranstaltung in Deutschland kennengelernt – eine Erfahrung, die meine Arbeit bis heute sehr geprägt und beeinflusst hat. Faszinierend war für mich Satirs Zielstrebigkeit in der Arbeit mit Menschen, ihre Präzision und methodische Vielfalt. Alles, was sie tat, war ressourcen- und kompetenzorientiert. Sie war eine Meisterin, Regeln und Glaubenssätze zu entdecken und diese zieldienlich zu transformieren – hin zu neuen Potenzialen. Dabei war sie humorvoll und spaßig, ebenso wie beharrlich und beständig im Umgang mit den Klienten und Gruppenmitgliedern während der persönlichen Arbeiten.
Die Seminararbeit am Morgen begann Virginia Satir gerne mit dem Erzäh-

len einer Geschichte, einer Meditation, wie sie es nannte. Ich möchte an dieser Stelle eine solche Meditation wiedergeben, so wie ich es mir damals, 1986, aufgeschrieben habe. Virginia gab der Meditation den Namen „Selbstwert“.

In der ganzen Welt gibt es keinen Menschen, der genau so ist wie ich. Zwar gibt es Menschen, die die gleichen Aspekte von Persönlichkeit besitzen, aber keiner wird diese so zusammenbringen und wirken lassen wie ich. Deshalb ist alles, was mit mir zu tun hat und aus mir heraus kommt, meins. Es entspringt meiner Authentizität, ich habe es gewählt. Mir gehört meine ganze Person. Mir gehören mein Körper und alles, was er tut, mein Verstand mit all seinen Ideen und Gedanken, meine Augen mit all dem, was sie wahrnehmen. All meine Gefühle gehören mir in allen Ausprägungen, mir gehört mein Mund und alles, was ich spreche, unabhängig davon, ob es freundliche oder unfreundliche Worte sind, passende oder unpassende, auch wenn meine Stimme eher laut oder eher leise klingt. Auch mein gesamtes Handlungsspektrum gehört zu mir, egal ob ich für mich handele oder für andere. Meine Phantasie gehört mir, meine Träume, meine Ziele, meine Hoffnungen ebenso wie meine Befürchtungen, meine Erfolge und Höhepunkte im Leben ebenso wie Fehler und Misserfolge. Und weil dies alles meins ist und mir gehört, deshalb kann ich ganz ich selbst sein. Ich kann liebevoll mit mir sein und freundlich zu all meinen Seiten und Anteilen. Auf diese Weise kann ich es möglich machen, meine Interessen zu vertreten und mich für mich selbst einzusetzen.

Ich weiß, dass es Aspekte meiner Person gibt, die mich manchmal irritieren und die problematisch sind und andere, die mir noch unbekannt sind. Aber solange ich freundlich mit mir selbst umgehe, kann ich zuversichtlich sein, Lösungen für bestehende Schwierigkeiten zu finden.

Wie immer ich auch bin, was immer ich auch tue: Es ist authentisch ich. Und weil ich mir gehöre, liegt es an mir, mich immer wieder neu zu erschaffen. Ich habe hierzu alle Möglichkeiten.

Ich bin ich, und ich bin in Ordnung so wie ich bin.

3.4.2.3. Die positive Umdeutung

Mit der Potenzialorientierung einher geht die positive – im Sinne von für die Klienten annehmbare – Umdeutung, das Reframing. Hierunter ist die

Annahme zu verstehen, dass einem bestimmten problematischen Handeln eine gute Absicht zugrunde liegt. Nicht unbedingt das Verhalten selbst, sondern vielmehr die Absicht des Handelns wird positiv umgedeutet und damit der Fokus in die gewünschte Zielrichtung gelenkt. Hiermit ist allerdings nicht das „think positiv", das zeitgenössische Schlagwort des positiven Denkens gemeint! Ich meine vielmehr eine zielorientierte Veränderung der subjektiven Bedeutungszuschreibungen durch das Reframing. Es besteht auch die Möglichkeit, das Problem als nützlich für einen früheren oder anderen Kontext zu betrachten (kontextuelles Reframing). Auf jeden Fall wird hierdurch erreicht, dass man sich nicht gegen das Problem und damit gegen einen Teil der Person stellt und versucht, es zu bekämpfen. Vielmehr bietet diese ungewöhnliche Sichtweise die Möglichkeit, das Problem zu nutzen. In der Erickson'schen Hypnotherapie wird dieser Vorgang „Problemutilisierung" genannt. Damit wird das Problem zur Ressource für wünschenswerte Veränderungen umgedeutet und genutzt.

Die Frage lautet also: Welche Bedeutungszuschreibung kann für die definierte Problemlage sinnvollerweise gemacht werden? Welche Ressourcen und Potenziale, positiven Absichten und Kompetenzen lassen sich im jeweiligen Kontext des Geschehens (er-)finden?

Der Nutzen des Problems, z. B. die Angst, die einen vor risikoreichen Handlungen schützt oder die Entscheidungsschwäche, die einen vorschnellen Entschluss verhindert, kann – allgemein formuliert – darin bestehen, z. B. darauf aufmerksam zu machen, dass

- es zu viele einschränkende und/oder verhindernde Regeln und Glaubenssätze gibt, statt eines gemeinsamen integrativen Austauschs;
- es keine Zeit für Konsenslösungen gibt und Unterschiede nicht genügend ausbalanciert werden;
- innere Spannungen und Konflikte ausgeblendet oder harmonisiert werden;
- es am Ausgleich von Geben und Nehmen mangelt;
- es Geheimnisse und/oder wichtige Tabuthemen gibt, die blockieren;
- sich Ungerechtigkeiten ereignet haben und weiter wirksam sind;
- es ungelöste Loyalitätskonflikte gibt;
- es Veränderungen gab oder gibt, die sich auf die Lebensumstände zu radikal und einschneidend auswirken;
- zu viele Verhaltensappelle mit fehlender Glaubwürdigkeit existieren (z. B. Kindern gegenüber);
- wichtige Veränderungen abgewiegelt werden (z. B. in der Partnerschaft);

das Geschäft mit der Angst gut funktioniert (z. B. gegenüber Kindern oder auch Mitarbeitern);
es zu viele Insellösungen gibt (Lösungen 1. Ordnung), die in keinen Gesamtzusammenhang passen und somit zu ständiger Unsicherheit und Unzufriedenheit führen;
zuviel reaktiv statt proaktiv gehandelt wird;
Energien vergeudet werden;
die Wertschätzung für das Erreichte fehlt;
die Sinnhaftigkeit für das Leben oder für einzelne wichtige Lebensbereiche fehlt oder in Frage gestellt wird;
der Selbstbezug/die Eigenliebe fehlt.

Diese Liste ließe sich noch weiter ausführen. Wichtig ist es, kontextbezogene Absichten zu finden und zu formulieren. Diese weisen den Weg zur Lösungs- und Verbesserungsstrategie.

Das bekannte Märchen „Hans im Glück" ist eine Geschichte, die aus einer Aneinanderreihung von positiven Umdeutungen besteht. Beschrieben wird hier, wie Hans nach sieben Dienstjahren von seinem Herrn als Lohn für seine ehrlichen und treuen Dienste ein Stück Gold, so groß wie ein Kopf, erhält. Dann macht sich Hans auf den Weg zu seiner Mutter nach Hause. Als er dort ankommt, hat er nichts mehr von seinem Gold und ist sehr glücklich darüber, denn er fühlt sich wunderbar frei. Es ist ihm gelungen, auf seinem Weg nach Hause das Gold in ein Pferd, das Pferd in eine Kuh, diese in ein Schwein, das Schwein in eine Gans, diese wiederum in einen Wetzstein zu tauschen, sich jedes Mal glücklich über den für ihn guten Tausch zu fühlen, den Wetzstein schließlich in den Brunnen fallen zu lassen und sich schlussendlich absolut frei und dankbar zu fühlen.

ÜBUNG

Übung 10: Den Nutzen des Problems (er-)finden

Bitte überlegen Sie einen Moment, welches Problem Sie zur Zeit bei sich bemerken – etwas, das sie ändern möchten, bislang aber noch ohne den gewünschten Erfolg. Erfinden Sie jetzt eine positiv lautende Absichtsbeschreibung für das Problemverhalten. Überprüfen Sie nun, für welchen früheren Kontext Ihr aktuelles Problemverhalten passend war oder gewesen wäre. Welchen Vorteil hat oder hätte es Ihnen gebracht? Was könnte der Nutzen Ihres Problems sein?

Dies ist eine zugegebenermaßen etwas unübliche Betrachtungsweise. Die

Antwort ergibt sich oft, wenn man sich vorstellt, was anders ist, wenn das Problem nicht mehr vorhanden ist: Welche Auswirkungen könnte das haben? Würden Sie etwas vermissen oder würde Ihnen etwas fehlen?
Betrachten Sie jetzt noch einmal Ihr ursprüngliches Thema und prüfen Sie, ob durch Ihre veränderte Sichtweise irgendetwas anders ist als vorher.

PRAXIS

Praxisbeispiel 5: Vergessene Hausaufgaben
Hierzu ein Beispiel aus der Praxis: Ein Klient beschwert sich über sich selbst. Er sei völlig unzuverlässig und halte seine Verpflichtungen niemals termingerecht ein. Er schiebe alles auf die lange Bank, besonders die Angelegenheiten, die ihm unangenehm seien. Hierdurch sei er immer abgelenkt, denn er denke ständig an die unerledigten Sachen. Schon früher als Schüler habe er seine Hausaufgaben oft vergessen oder sich darum gedrückt.
C.: Was meinen Sie, welchen Vorteil hätte das Vergessen der Hausaufgaben haben können?
Kl.: Die nachgereichten Aufgaben wurden nicht mehr genau angeschaut, Hauptsache, man hatte was vorzuweisen.
C.: Ganz schön clever, sich so aus der Bredouille zu ziehen. Haben Sie auch schon mal Hausaufgaben gemacht und pünktlich mit in die Schule genommen?
Kl.: Ja, schon. Das meiste ging ja auch gut, nur Mathe war halt schwierig und machte Mühe.
C.: Mal angenommen, Sie könnten mit Ihrer heutigen Erfahrung als Erwachsener in der Situation von damals dabei sein und sich selbst als der Junge treffen, der sie einmal waren: Was würden Sie aus der Sicht von heute empfehlen?
Kl.* (er lächelt vor sich hin und schaut nach oben links in seine Erinnerungswelt)*: Das wäre schon toll, wenn ich ihm sagen könnte, dass er es so gut gemacht hat. Es war wohl irgendwie unangenehm für ihn, aber es ging eben nicht anders. Hätte ich mich in Mathe nicht durchgewurstelt, ich hätte von der Schule gemusst. So konnte ich bleiben **(er ist gerührt und lächelt wohlwollend in sich hinein).**
Wenn ich so arbeite wie hier beschrieben, dann weiß ich nicht von vornherein, worin der Nutzen für ein Problemverhalten bei den Klienten liegt und ich mache mir auch keine Gedanken hierüber. Ich vertraue dem Prozess des gemeinsamen Suchens und Findens. Ergebnisoffenheit und Absichtslosigkeit bezogen auf den konkreten Inhalt sind hierbei für mich grundlegend. Ich

bin sicher, dass die Klienten den Nutzen des Problemverhaltens ebenso wie den eines Symptoms oder einer Krise finden, benennen und achten. Insofern ist es niemals erforderlich, irgendeine Art von Trick zu benutzen oder Klienten zur Veränderung zu drängen.

PRAXIS *Praxisbeispiel 6: Die unterdrückte Trauer*

Eine Familie kommt zur Therapie. Die Frau und der Mann, beide ca. 40 Jahre alt, sowie Nicole, 12 Jahre, und Melanie, 7 Jahre, nehmen Platz. Nachdem ich mit allen ins Gespräch gekommen bin, frage ich in die Runde: *„Wer von Ihnen hatte denn die Idee, heute hierherzukommen und mit welcher Absicht?“* Es stellt sich heraus, dass Melanie seit einigen Monaten wieder nachts ins Bett macht und die Eltern besorgt sind. Ich frage nach den bisherigen Lösungsversuchen und erfahre, dass schon einiges unternommen wurde, um das Symptom „einzudämmen“. Allerdings erfolglos. Die Frage ist also: Was ist für wen besorgniserregend, weil es bei Melanie zu diesem Symptom kam und wieso stellte sich das Symptom zu diesem Zeitpunkt ein? Der Zeitpunkt ging einher mit der Einschulung, deshalb versuchten auch die Eltern einen Zusammenhang mit der neuen Situation herzustellen. Nur Melanie war nicht wirklich damit einverstanden. Wohlwollend schilderte sie ihre Schulsituation und sprach ganz angetan von ihrer Lehrerin. Die Eltern bestätigten, dass die Schulleistungen bestens seien. Die Frage nach weiteren Veränderungen im letzten Jahr wurde damit beantwortet, dass sich seit einiger Zeit viele neue berufliche Möglichkeiten aufgetan hätten. So sei es jetzt endlich möglich, nach dem Tod der Mutter des Ehemanns, den im Familienbesitz befindlichen Buchladen auf Vordermann zu bringen, die neuen Medien besser einzusetzen, sich mit dem neuen Sortiment viel zeitgemäßer zu präsentieren. Außerdem plane man die Eröffnung einer Zweigstelle. Melanie schaut während der Schilderung der Eltern nur in sich hinein. Ich frage Nicole, was sie meint, wie Melanie diese Veränderungen aufnimmt, und sie antwortet, dass es für sie jetzt irgendwie schwieriger ist. Die Eltern fühlen sich hierdurch anscheinend angegriffen und rechtfertigen sich mit der Aussage, dass doch für alles gesorgt sei: Sie hätten seit dem Tod der Oma doch ein nettes Aupair-Mädchen engagiert, die ihre Sache sehr gut mache. Daraufhin Melanie: *„Aber sie spielt nicht so gut wie Oma.“ „Aber dafür kann sie doch andere Sachen“*, entgegnet die Mutter. *„Aber sie liest mir nie etwas vor und du auch nicht mehr“*, kontert Melanie.

Nach einer Weile kann ich zusammenfassen, was ich bis dahin wahrgenommen habe: Während die Eltern übereinstimmend die neuen Entwicklungen begrüßen und sich hiermit identifizieren, leidet Melanie unter den Veränderungen der letzten Zeit, obwohl die Eltern meinen, gut für ihre Tochter gesorgt zu haben. Nicole entlastet durch ihre frühe Selbstständigkeit die Bemühungen und das Engagement der Eltern für die geschäftlichen Weiterentwicklungen. Ich erhalte Zustimmung von allen Seiten für diese Betrachtungsweise des Ist-Zustands in der Familie und lasse mir kurz beschreiben, was früher anders war:
„Als meine Oma noch lebte, war es gemütlicher, es war immer jemand da für mich“, beschreibt Melanie ihre Sichtweise. *„Aber sie hat uns immer reingepfuscht, es war praktisch bis zu ihrem Tod ihr Laden“*, so der Vater, und seine Frau berichtet: *„Als Mutter hatte ich kaum eine Chance, sie war immer da, wenn es um die Kinder ging. Sie hatte ja auch Zeit genug.“*
Die Unterschiedlichkeit in der Betrachtung und Bewertung der familialen Veränderungen hat bei Melanie im letzten Jahr dazu geführt, dass sie immer trauriger wurde und sich mehr und mehr innerlich zurückgezogen hat. Dieses Muster ist jetzt auch wieder wahrnehmbar und ihre Traurigkeit ist stark im Raum zu spüren. Ich betone in meinem nächsten Kommentar diese Unterschiedlichkeiten und stelle fest, dass die Veränderungen auf der Seite der Erwachsenen geradezu zu einem Mehr an Erleichterung geführt haben, bei Nicole zu noch mehr Selbstständigkeit und bei Melanie zu einem emotional spürbaren Verlust. Es sieht so aus, als würde Melanie die Traurigkeit über den Tod der Oma in der Familie am meisten spüren. Gleichzeitig sieht es so aus, dass Melanie sich entschieden hat, die Familie vor ihrer Trauer um den Verlust ihrer Oma zu bewahren und alles mit sich selbst auszumachen, um besonders die Eltern nicht mit ihren Gefühlen zu belasten. Da das Kindermädchen noch nicht so eine wichtige Vertrauensperson für Melanie geworden ist, der man sich gerne öffnet, ist es dazu gekommen, ihre Tränen nach unten zu weinen – im Stillen, nachts, wenn es keiner beobachten kann. Sie hat dadurch die Garantie, dass sich ein Elternteil, meistens ihre Mutter, um den Wäschewechsel und damit in gewisser Weise auch um Melanie kümmert, obwohl die Arbeit zur Zeit Vorrang hat.
Die Atmosphäre nach solch einem Kommentar ist meistens als sehr sinnlich-emotional zu bezeichnen. Alle sind mit ihren Gedanken und inneren Bildern beschäftigt, fühlen sich zum einen durch die Art und Weise der Beschreibung bestätigt und bestärkt und können gleichzeitig die Zusammenhänge

im familialen Umgang mit der faktischen Seite des Ereignisses und den damit verbundenen Veränderungen in der Familie neu erkennen, wahrnehmen, gefühlsmäßig überprüfen, verstehen und zustimmen. Durch diese Umdeutung der Zusammenhänge der aktuellen Lebenssituation wird eine integrative Struktur auf der Beziehungsebene aufgebaut, die es zukünftig erlaubt, ein besseres, weil passenderes Beziehungs- und Kommunikationsmuster zu weben und hierdurch eine zieldienliche Steuerung der Selbstorganisation als Familie zu erreichen.

Wie oben beschrieben, wird das Reframing bei der Arbeit mit mehreren Personen wie Familien, Teams oder Gruppen auf die Selbstorganisation des Zusammenspiels der Unterschiede (Betrachtungsweisen, Gefühle, Ideen, Absichten, Handeln usw.) im System bezogen und wertschätzend beschrieben. Dabei geht man davon aus, dass die Absichten der Familienmitglieder als positiv angesehen werden können und dass sich das konkrete Handeln, der Umgang miteinander, also die Kommunikation und Beziehungsgestaltung in der Familie, im Team oder in der Gruppe noch verbessern können. Hierdurch gelingt es, sowohl den Klienten gegenüber als auch dem Symptom oder Problem gegenüber immer eine wohlwollende, wertschätzende Haltung und Ausdrucksweise einzunehmen.

In den Weiterbildungsseminaren stellen Teilnehmer bei diesem Thema immer wieder die Frage nach den Grenzen des Reframings: Gibt es welche? Ich glaube, hier haben wir es mit einer unentscheidbaren Frage zu tun, die nur jeder für sich selbst beantworten kann. Ich möchte meine Antwort auf die Frage durch ein Zitat aus dem Büchlein von Anselm Grün (11. Aufl., 2001, S. 114 f.) geben, weil es den Reframingprozess und die Handhabung dieser Vorgehensweise für mich sehr treffend beschreibt: *„Glück ist ein innerer Zustand. Er hängt davon ab, wie wir die Welt um uns erleben. Unser Erleben hängt wiederum von der Deutung ab, die wir dem Geschehen geben. Natürlich gibt es Erfahrungen, die den Zustand des inneren Friedens zerstören, etwa wenn ein lieber Mensch uns wegstirbt. Den Tod eines Menschen kann ich nicht umdeuten und darin Glück sehen. Aber wie ich mit dem Tod umgehe, das liegt doch letztlich an mir. Ich kann darin eine Herausforderung sehen, zu wachsen, meine ureigensten Quellen zu entdecken. Und dann kann ich durch die Trauer und den Schmerz des Abschieds hindurch etwas Neues in mir entdecken und zu einem Zustand gelangen, den ich mit Glück umschreiben darf. Wenn ich dann durch einen langen Prozess der Trauerarbeit zu einer anderen Bewertung des Todes gekommen bin, kann* *ich bestätigen, was La Rochefoucauld sagt: ‚Unser Glück liegt nicht in den Dingen, sondern in deren Bewertungen durch uns.' Ich darf diesen Satz aber nicht als Trick benutzen, alles so zu bewerten, dass es mir positiv erscheint. Die ‚Macht des positiven Denkens' kann auch zur Tyrannei werden, zum Zwang, alles positiv sehen zu müssen. Licht und Dunkel, Freude und Schmerz gehört zu meinem Leben. Erst wenn ich diese Gegensätzlichkeiten annehme und mich damit aussöhne, komme ich zu einer Bewertung meines Lebens, die mich noch nicht glücklich macht, die aber die Voraussetzung dafür schafft, glücklich zu werden."*

3.4.2.4. Prinzip Selbstverantwortung

Das Prinzip der Selbstverantwortung gehört nach meiner Einschätzung ebenfalls als bedeutende Basiskompetenz zum Bereich der Erfolgskriterien, denn es unterstützt den autonomen Prozess der Selbstorganisation. Es ist ein wichtiger Lernprozess, selbstverantwortlich zu handeln und Verantwortung für sich in allen Belangen des eigenen Lebens zu übernehmen. Es befreit, macht unabhängig, stärkt den Selbstwert und ermöglicht kooperative, gleichwertige Beziehungen. Selbstverantwortung manifestiert sich in der selbstverständlichen Übernahme der Aufgaben des Lebens.

Verantwortlich zu handeln ist ein willentlicher Akt, eine bewusste Entscheidung. Hierdurch kann jedes lebende System seine Einzigartigkeit entfalten und bewahren. Selbstverantwortlich zu handeln bedeutet nicht, immer alles richtig zu machen und alles zu kontrollieren, sondern vielmehr, sich zu lösen von der Idee, andere wären schuld, andere hätten mehr Einfluss auf einen als man selbst. Wir haben die Wahlmöglichkeit, eigen-willig zu handeln in jedem Moment der Zeit. Wir können uns ändern oder so bleiben wie wir sind. Die Entscheidung liegt bei uns und für diese Entscheidung trägt jeder für sich die Verantwortung.

Zu gerne wird diese jedoch auf andere abgewälzt. Es gibt auch in der Psychotherapie Konstrukte und Richtungen, die sich fast nur mit der Abwälzung von Verantwortung auf die Bedingungen in der Kindheit befassen, besonders auf die Mütter, die für alles herhalten müssen, für das erwachsene Menschen nicht bereit sind, in ihrem Leben heute selbst die Verantwortung zu übernehmen und sich zu entscheiden, dem Früheren zuzustimmen und mit ihrer Lebensgeschichte in Frieden zu kommen. Die Herausforderung liegt darin, sich mit dem Schicksal zu versöhnen. Gerade weil es damals nicht anders sein konnte und es nur so sein konnte wie es war, könnte es sich lohnen, das Leben für sich selbst heute endlich besser zu gestalten.

Hier stellt sich die Frage des Anreizes für das eigene Tun: Woher kommt die Motivation? Nichts muss so sein wie es ist. Jedes lebende System kann sich seine Wirklichkeit reorganisieren, neu schaffen und sich selbst verwirklichen. Grundvoraussetzung dafür ist, sich als einflussnehmendes und gestaltendes Selbst zu begreifen und aus den eigenen Interessen heraus zu handeln.

ÜBUNG

Übung 11: Entscheidungsfindung

Für all diejenigen, die sich mit dem Thema Entscheidung befassen möchten, biete ich Ihnen wieder eine passende Übung an, die ich auch in der systemisch-integrativen Arbeit mit meinen Klienten gerne nutze.

Erstellen Sie z.B. aus Pappe, Leder oder Kunststoff eine Plakette, so groß wie eine übergroße Münze. Die eine Seite ist die Ja-Seite. Gestalten Sie zunächst diese Seite aus, z.B. mit Farben, und so, dass das Wort „Ja“ gut und deutlich zu lesen ist.

Dann drehen Sie die Plakette herum und fertigen die Nein-Seite nach Ihren Wünschen an. Jetzt brauchen Sie noch ein Loch, durch das Sie eine Kette, ein Band, eine Kordel oder Vergleichbares durchziehen, so dass Sie Ihr Entscheidungsmedaillon um den Hals tragen können. Sie haben jetzt in zweifacher Weise die Wahl: Wie möchten Sie die Plakette tragen, offen auf Ihrer Kleidung oder im Geheimen, also darunter? Und welche Seite soll zu sehen oder zu spüren sein?

Tragen Sie Ihr Entscheidungsmedaillon mindestens zwei Wochen lang, damit Sie sich an Ihre Entscheidungsmöglichkeiten jederzeit erinnern: Sie können „Ja“ wählen und sich für „Nein“ entscheiden. Es „liegt“ jetzt bei Ihnen, Sie treffen die Wahl.

3.4.2.5. Fehlerfreundlichkeit

Ein weiteres Erfolgsmittel, das mir sehr am Herzen liegt, ist die Fehlerfreundlichkeit. Wir erwarten häufig von uns selbst und anderen, dass alles reibungslos verläuft und gut funktioniert, so als wären wir eine Maschine. Der Drang nach Perfektion ist aber gerade ein Hindernis auf dem Weg zu einer Verbesserung. Probleme werden nicht dadurch gelöst, dass man so perfekt ist, dass es keine mehr gibt, sondern dass sich der Umgang mit Ihnen ändert, so wie es oben bereits beschrieben wurde. Besonders Menschen im Veränderungsprozess können das Neue nicht fehlerfrei gestalten, es braucht Übung und Lernen. Fehlerfreies Lernen aber gibt es nicht. Lernen ist die Phase einer Entwicklung, in der Fehler geradezu erwartet werden, damit hieraus wieder ein Anreiz für neues/weiteres Lernen entsteht. Deshalb plädiere ich dafür, das Vorhandensein von Fehlern in der Experimentierphase im Sinne einer positiven Umdeutung als Indiz für wichtige und erforderliche Entwicklungsschritte anzusehen. Die Lernphase ist abgeschlossen, wenn die Fehler nachlassen und überflüssig werden. Dann hat die Alltagsroutine eingesetzt und wir können uns einem neuen Lernprojekt zuwenden.

3.4.2.6. Begeisterung

In einem Interview wurde Michael Schumacher zu Beginn einer neuen Formel-1-Saison gefragt, wie er sich denn nach sieben Weltmeisterschaftstiteln noch motivieren könne, noch weitere Titel einzufahren. Seine Antwort: *„Ich nehme mit Begeisterung jede neue Herausforderung an. Ich möchte allen zeigen, was die Technik und unser Team leisten kann.*" Bei Boris Becker früher und bei Jürgen Klinsmann heute klingt es ähnlich. Da ist die Herzensfreude im Spiel, die grenzenlose Begeisterung, sich für etwas zu engagieren, sich reinzuhängen, etwas Wichtiges zu bewegen. Mit Geld lassen sich zwar Anreize schaffen, die Motivation aber kommt von innen, aus der eigenen gefühlten Bedeutungszuschreibung, aus dem, was einem emotional wichtig und wertvoll erscheint, aus dem inneren Antrieb für die eigene Vision. Das macht zufrieden und glücklich. Das macht ein gutes Selbstgefühl, bringt den Organismus ins Gleichgewicht und hält fit. Alles, was jetzt entschieden und getan wird, ist authentisch, ist man selbst.

3.4.2.7. Sich Wahlmöglichkeiten schaffen

Menschen, die ihre Selbstorganisation erfolgreich organisieren und hiermit Verbesserungen generieren, verstehen es, optional zu denken und zu handeln. Sie sind die sogenannten Optionisten. Es gehört zu Ihrer Art, Möglichkeiten zu suchen und zu finden bzw. zu kreieren. Sie verlassen den engen Korridor der üblichen Festschreibungen, um sich und ihre Realitätssicht jeweils neu zu erfinden und zu gestalten. Das Sicherheit bietende Zwanghafte der sich wiederholenden Routine wird vernachlässigt, um sich dem Aufregenden, Beunruhigenden, der ständigen Erneuerung zu verschreiben. In der psychotherapeutischen Arbeit, in der Pädagogik und im Sozialwesen überhaupt wird dieser Vorgang Prozessorientierung genannt. Die Orientierung richtet sich nicht länger aus an richtig oder falsch, gut oder schlecht, also an globalisierten Festschreibungen, sondern vielmehr am Nutzen der inneren Dynamik des Betrachters und Konstrukteurs eigener Weltbilder und Sinngebungen. Beunruhigung führt in diesem Vorgang zur Suche nach Verbesserungen und manifestiert sich in Erneuerungen. Sich Wahlmöglichkeiten zu verschaffen, ist demnach ein mutiger, kühner Schritt in eine unbekannte Dimension. Dieser Schritt bedeutet Freiheit.

Für viele Menschen ist es nicht selbstverständlich, für sich selbst Wahlmöglichkeiten in Anspruch zu nehmen. Wir sollten uns jedoch bewusst sein, dass wir eine Wahlfreiheit im Denken und Handeln besitzen, die uns keiner nehmen kann. Wir können die Möglichkeit genießen, Entscheidungen zu treffen und „Ja" und „Nein" zu sagen. Auch das ist für viele Menschen ein grundlegendes Lernvorhaben. Zu oft haben Menschen nur eine Möglichkeit vor Augen. Durch das Denkmuster „entweder-oder" werden weitere Optionen vorschnell ausgeschlossen. Auch das berühmte „Ja, aber..." führt nicht zum Erfolg, sondern belässt alles beim Bisherigen. Das Muster „wenn..., dann..." ist ebenso weit verbreitet und besagt nichts anderes, als dass es zu keiner Veränderung kommen wird, weil man sich von anderen in seiner Veränderungsabsicht abhängig macht. Es steht uns aber immer frei, so Heinz von Foerster, entsprechend jener Zukunft zu handeln, die wir uns schaffen wollen. Deshalb ist es eine Voraussetzung, sich über seine Absichten und Ziele bewusst zu sein. Gleichzeitig ist das optionale Denken und Handeln ein Weg, die Fülle des Lebens auszukosten.

Für sich selbst Wahlmöglichkeiten zu schaffen, hat zur Konsequenz, sich immer wieder neu zu entscheiden: Für das eine oder für das andere. Oder zuerst für das eine, dann für das andere. Oder für beides gleichermaßen. Oder für das eine etwas mehr als für das andere. Oder für keins von beidem (Die Alternative ist nicht erwünscht, passend oder gefragt. Es muss eine andere Alternative gefunden werden, um eine passende, also zielführende Entscheidung zu treffen.).

In manchen Fällen ist aber all dies nicht das Richtige, denn es geht um etwas völlig anderes. Keine der Alternativen erscheint wünschenswert. Auch die Ablehnung aller Wahlmöglichkeiten ist eine Alternative und kann die Lösung zur Erreichung gesteckter Ziele bedeuten.

Mit der Entscheidungskompetenz wird eines der bedeutungsvollsten und effektivsten Mittel zur Optimierung der Selbstorganisation im Prozess angewendet. Hiermit bleibt die Steuerungsfunktion der Selbstorganisation bei einem selbst und in eigener Regie und Verantwortung.

3.4.2.8. Die Integration des Ganzen: Parts Party

In diesem Kapitel möchte ich der Leserin und dem Leser ein Idee davon mitgeben, wie man sich die Integration unterschiedlicher Aspekt der Persönlichkeit als Prozess vorstellen kann. Das Zusammenspiel verschiedener Persönlichkeitsanteile werde ich anhand einer „Parts Party“ beschreiben.

Die Parts Party (Begegnung der inneren Anteile) ist ein Angebot, die personale Selbstorganisation einmal anders wahrzunehmen, kennenzulernen, zu verstehen, wertzuschätzen und für wichtige eigene Absichten, Ziele oder wünschenswerte Richtungen zu reorganisieren.

Die Grundidee der Parts Party habe ich selbst 1986 während eines Seminars bei Virginia Satir kennengelernt. Es wird davon ausgegangen, dass Menschen bestimmte Bewertungsmuster praktizieren – oftmals ohne sich dessen bewusst zu sein. Das bedeutet: Die eine Seite der Person steht besser da als die andere. Die eine Seite dominiert vielleicht sogar die andere. So kann es dazu kommen, dass eine Eigenschaft ständig im Streit mit einer anderen Eigenschaft liegt, weil es dem persönlichen Orientierungsprofil entspricht, einer Eigenschaft gegenüber einer anderen den Vorzug zu geben oder die abgelehnte in ihrer Nützlichkeit, z. B. auch in anderen Kontexten, nicht genügend wertzuschätzen.

Wertschätzung und Ablehnung gehen aber nicht zusammen. Innere Konflikte entwickeln ihre Dynamik, ohne dass die betroffene Person sieht, wie alle Seiten ihre Vorzüge haben könnten, würde man sie nur als solche interpretieren. Innere Konflikte aber führen leicht zu Abspaltungen, Desintegration und Ablehnung. Ist allerdings eine Seite oder eine Eigenschaft einer Person in Misskredit geraten, dann wird es schwierig, sich als ganze Person mit allen Facetten der Persönlichkeit anzunehmen. Die Inszenierung einer

Parts Party kann dazu beitragen, solche oftmals unbewusst ablaufenden Prozesse erkennbar und durchschaubar zu machen, um zu einer sich selbst annehmenden Haltung beizutragen.

In einer Inszenierung in einem Seminar von Virginia Satir haben einmal mehr als 50 verschiedene Teile für eine Person agiert und Sie können sich vielleicht die Dynamik im Raum vorstellen, als über 50 Personen, die jeweils für eine Persönlichkeitseigenschaft des Protagonisten von diesem ausgewählt worden waren, in Beziehung miteinander traten. Im Verlauf der zweistündigen Arbeit ist es Virginia Satir hervorragend gelungen, die Zielsetzung der Parts Party zu erreichen, nämlich das Ausbalancieren von Unterschieden, die per se in jedem sozialen System vorhanden sind.

Aber auf welche Art und Weise kann ein personaler Selbstorganisationsprozess verbessert werden? Die Persönlichkeitseigenschaften sind schließlich vorhanden und wir sollten sie uns besser nicht wegtrainieren, da diese Art von Lösung zu wenig nachhaltig erscheint. Wir könnten sogenannte negative Eigenschaften ausklammern, es würden aber mit Sicherheit Datenspuren erhalten bleiben. Außerdem kostet Ausklammern eine Menge Energie. Wir könnten negative Teile der Person bestrafen, müssten dann allerdings viel Aufmerksamkeit auf die Kontrolle und Einhaltung der Bestrafungsaktionen verwenden.

Systemisch-integratives Denken und Handeln verfolgt hingegen eine andere Strategie: eine, die bereichert, hinzufügt, ergänzt oder transformiert.

Konkret haben wir verschiedene Optionen. Wir stellen zunächst die Frage: Wozu ist jede einzelne Eigenschaft, jeder bestimmte Persönlichkeitsanteil einer Person für diese Person nützlich? Gefragt wird also unbedingt nach der Nützlichkeit. Dies bietet oftmals eine völlig neue Betrachtungsweise des Status quo, und diese andere Betrachtungs- und Bewertungsmöglichkeit ist bereits Teil einer transformativen Veränderung, einer Veränderung 2. Ordnung: Nicht die Eigenschaft an sich wird verändert, sondern der Umgang mit einer vorhandenen Persönlichkeitseigenschaft kann sich durch eine neue Orientierung, Sichtweise und Bewertung dieser neuen Sichtweise wandeln. Wir sprechen in diesem Zusammenhang von positiver Umdeutung. Durch diese werden neue Optionen möglich: denkbar und machbar. Virginia Satir war eine wahre Meisterin des Reframings, also der positiven Umdeutung.

Des Weiteren strebt man im Systemischen an, die Verbindungen der vorhandenen Elemente (hier die personifizierten Eigenschaften und Persönlichkeitsanteile) zu verändern, sie neu zu konfigurieren. Ziel ist es, das Zusammenspiel der Kräfte zu optimieren. Diese Vorgehensweise wirkt transformativ, da die vorhandenen Elemente durch eine verbesserte Interaktion im Miteinander zur jeweiligen Entfaltung aller vorhandenen Ressourcen beitragen.

Ein Beispiel: Aus einer defensiven Fußballmannschaft eine offensive zu gestalten, erfordert ein Umdenken, eine andere Art der Orientierung, eine neue Identität. Deshalb muss die Fähigkeit, bei Bedarf defensiv spielen zu können, nicht wegtrainiert werden. Vielmehr wird sie weiterhin als spezielle Fähigkeit beibehalten – sie ist vielleicht in bestimmten Spielphasen nützlich. Außerdem kommt eine neue Möglichkeit, nämlich Angriffsfußball zu spielen, hinzu.

Eine weitere, in der systemisch-integrativen Arbeit genutzte Veränderungsvariante ist das Hinzufügen eines neuen Elements, eines neuen Teils bzw. einer weiteren Persönlichkeitseigenschaft. Im Verlauf der Parts Party können Sie erleben, wie alle drei beschriebenen Interventionen einbezogen werden, um eine transformative Neugestaltung der persönlichen Selbstorganisation anzubieten.

Übung 12: Das Zusammenspiel der Kräfte - Einladung zur Parts Party ÜBUNG

1. Die Vorbereitungen

Ich möchte Ihnen nun anbieten, an Ihrer eigenen Parts Party teilzunehmen. Dafür ist es sinnvoll, sich einen ruhigen Platz in Ihrer Umgebung zu suchen und es sich dort so bequem zu machen, als würden Sie vor Ihrem Fernsehgerät oder in einem Theatersaal sitzen. Sie sollten dafür sorgen, dass Sie für die nächsten 30 Minuten nicht gestört werden, damit Sie Ihre Parts Party in vollen Zügen erleben und vielleicht auch genießen können.

Sie haben es sich inzwischen bequem gemacht, sitzen gut oder liegen entspannt in der Gewissheit, dass Ihr Körper sich für eine Weile ausruhen kann, während Sie sich jetzt vorstellen können, den Theatersaal zu betreten. Außer Ihnen gibt es keine Zuschauer. Was Sie erleben werden, wird nur für Sie inszeniert. Suchen Sie sich den für Sie besten Platz aus, so dass Sie die gesamte Bühne in den Blick bekommen können. Jetzt, nachdem Sie Platz genommen haben im Theater, in dem nur Sie sitzen, werden Sie gefragt, welche Personen, Figuren, Fabelwesen etc. für Sie ein Gefühl von Zustimmung,

Zuneigung, Bewunderung oder Sympathie auslösen und welche hingegen einen Zustand von Ablehnung, Abneigung oder Antipathie erzeugen.
Bei der Auswahl solcher Personen können Sie aus dem Vollen schöpfen: Familienmitglieder, Verwandte, Freunde, Kolleginnen oder Kollegen, Personen aus der Öffentlichkeit, aus Film, Fernsehen und Werbung, aus den verschiedenen Kultur- oder Sportbereichen, aber auch aus der jüngeren oder älteren Geschichte, aus der Politik oder aus der Popszene. Es können allerdings auch Märchen- oder Comicfiguren sein oder Gestalten, die der Welt der Mythen und Sagen entspringen.
Bitte wählen Sie jetzt drei bis fünf Personen aus dem sogenannten Positivbereich aus und eine bis drei Personen aus dem sogenannten Negativbereich. Lassen Sie sich Zeit für Ihre Auswahl und wenn Sie möchten, können Sie sich auch Notizen machen. Insgesamt benötigen Sie sechs Personen, die solche Eigenschaften für Sie verkörpern, denen Sie mit voller Bewunderung („So möchte ich auch gerne sein.") oder mit großer Ablehnung gegenüber stehen („Wie kann man nur so sein, so schrecklich, distanzlos oder so unnahbar usw.?").
Stellen Sie sich bitte vor Ihrem inneren Auge vor, wie Sie an optimaler Stelle im Theater sitzen, einen guten Blick auf die Bühne haben, um jetzt zu sehen, wie die erste von Ihnen benannte Person als SchauspielerIn, in die für sie vorgesehene Rolle gekleidet, auf der Bühne erscheint. Legen Sie jetzt bitte fest, welche typische Eigenschaft Sie dieser Person am meisten zuschreiben (z. B. die Warmherzigkeit Ihrer Tante Martha oder die Arroganz Ihrer Nachbarin Frau Y., die es nicht einmal für nötig erachtet, Sie auf der Straße zu grüßen). Bitte benennen Sie für jede ausgewählte Person nur eine Eigenschaft, nämlich die für Sie wichtigste – im positiven wie im negativen Sinne. Beschreiben Sie dann der Schauspielerperson auf der Bühne, wie sie diese Eigenschaft darstellen soll, z. B. gestisch, mimisch, mit einer bestimmten Hand- oder Kopfbewegung, mit einem typischen Blick, einer bestimmten Art sich zu bewegen, zu gehen usw. und ergänzen Sie diese Angaben noch mit einer charakteristischen Aussage (z. B. „Geben ist seliger als nehmen" oder „Ich mache sowieso immer was ich will"). Jetzt schauen Sie sich an, wie die Schauspielerperson Ihre Angaben darstellt und ausführt.
Geben Sie noch letzte Hinweise zur Verbesserung (z. B. die Tonlage oder die Schnelligkeit beim Sprechen usw.); dann erscheint die nächste ausgewählte Person aus der Liste der Sechs als Schauspieler im entsprechenden Outfit. Bestimmen Sie erneut, wie die sie verkörpernde Eigenschaft dargestellt und

mit welcher verbalen Botschaft diese Eigenschaftsdarstellung versehen sein soll.

Lassen Sie sich Ihre Vorgaben einmal vorführen, nehmen Sie eventuelle Korrekturen vor und kommen dann zur dritten Person auf Ihrer Liste. Üben Sie bitte auch bei den weiteren Schauspielern Ihre Regisseurrolle aus, bis alle zu Ihrer Zufriedenheit instruiert sind. Auch wenn es vielleicht nicht ganz einfach war, meine Vorschläge umzusetzen – es hat sich bestimmt gelohnt, denn jetzt haben Sie das Drehbuch für die nun kommende Vorführung bereits fertig geschrieben. Alle sechs Schauspieler wissen durch Ihre Angaben, was Sie zu tun haben. Das Spiel kann also beginnen.

So könnten die Vorbereitungen zu einer persönlichen Parts Party aussehen:

Name der ausgewählten Person	**Typische Eigenschaft und Bewertung**	**Gestik, Mimik, Bewegung**	**Die typische verbale Botschaft – der Satz**
Tante Martha	warmherzig +	ruhiger, eher weicher Gang, lächendes Gesicht, liebe Augen, offene Hände	Geben ist seliger als Nehmen.
Mein Chef	rational	fester, schneller Gang	Man muss sich immer auf das Wesentliche konzentrieren.
Mein Hausbesitzer	faul -	äußerst gelassen, keinerlei Spannung im Körper, schlurfender Schritt; blickt an anderen vorbei, eher nach unten	Ich kann doch nicht alles auf einmal machen.
Kindergärtnerin meiner Tochter	kreativ +	fröhlich-lebendig, beschwingter Gang, lachend, schaut andere an, schnipst mit den Fingern	Das Leben macht Spaß.
Michael Schumacher	nervenstark +	standfest und hüpfend, abwechselnd mit den Händen an den Hüften	Wir haben uns heute als starkes Team präsentiert.
Margret Thatcher	unnachgiebig -	ernster Blick, trotzige Gestik, geballte Faust, fester Gang, geradeaus	Eine andere Meinung lasse ich nicht gelten.

2. Das Spiel beginnt

Wenn sich gleich die Schauspieler auf der Bühne zeigen, dann können Sie sicher sein, dass sie sich nur in der von Ihnen vorgegebenen Weise bewegen, sprechen und handeln. Sie werden nichts Eigenes hinzufügen oder weglassen. Der erste Schauspieler erscheint von rechts auf der Bühne, ein weiterer von links. Beide bewegen sich in der vorgegebenen Art und Weise und sprechen gleichzeitig jeweils ihren Satz. Sie gehen aneinander vorbei und sprechen dabei immer den vorgegebenen Satz. Dann verlassen Sie wieder die Bühne und zwei weitere Personen, die bestimmte Eigenschaften darstellen, begegnen sich. Im Laufe der Zeit begegnet somit jede Person jeder anderen. Sie als Beobachter der Inszenierung lassen das alles auf sich wirken: Kommt Ihnen etwas bekannt vor, vertraut? Was stört Sie am meisten, was verwirrt Sie möglicherweise, was erscheint Ihnen unbekannt? Die Grundannahme ist Folgende: Die Auswahl der Personen mit ihren jeweils typischen Eigenschaften und deren Bewertung + oder – hat unmittelbar mit Ihrer Selbstorganisation zu tun. Eine Eigenschaft, die Sie hier als negativ bewertet haben, wird vermutlich auch als Ihre persönliche Eigenschaft als eher ungünstig, ungewollt oder eben negativ angesehen – und umgekehrt bei den positiven Vorzeichen.

Zurück zum Spiel: Welche Erkenntnisse ziehen Sie aus der Darstellung des Bisherigen in Bezug auf Ihre Selbstorganisation? Was geht gut zusammen, was weniger gut? Wo werden Konflikte oder Spannungen deutlich? Bitte zuerst nur aufnehmen was ist, ohne zu vorschnellen Veränderungen oder Lösungen zu kommen. Denn jetzt folgt zunächst der zweite Akt.

3. Das Zusammenspiel der Kräfte

Im zweiten Akt der Inszenierung Ihrer persönlichen Selbstorganisation werden die inneren Prozesse noch deutlicher erkennbar. Alle sechs personifizierten Eigenschaften werden von Ihnen zu einer Party eingeladen. Die ersten Gäste erscheinen bereits und bald sind die Partygäste vollständig eingetroffen. Jeder Gast bleibt in seiner Rolle, mit seiner spezifischen Gestik, Mimik und Bewegung und natürlich mit dem Satz, der Botschaft über sich. Jetzt können Sie endlich alle sechs Eigenschaften in ihrem komplexen Zusammenwirken wahrnehmen und beobachten. Alle begegnen sich in schnell wechselnder Folge. Schauen Sie sich alles an und bilden Sie sich ein Urteil: Sind die Gäste mit dem Gastgeber (mit Ihnen) zufrieden? Fühlen sie sich wohl, kommt eine gute Partystimmung auf? Wie würden die Gäste die

Feier atmosphärisch beschreiben, würden sie danach gefragt? Was würde man dabei über Sie zu hören bekommen?
Können Sie feststellen, dass Ihnen Teile dieses Ablaufs oder der ganze Prozess bekannt oder vertraut vorkommt? Mal angenommen, das eine oder andere an der Inszenierung wäre Ihnen vertraut und es würde in Ihrem Leben so weitergehen – mit welchen Konsequenzen wäre dann zu rechnen? Sie merken wahrscheinlich schon, worauf ich abzielen will, nämlich auf Ihre Motivation für eine Verbesserung der jetzigen inneren Abläufe.
Sollten keine ungünstigen Auswirkungen zu befürchten sein, dann geben Sie sich jetzt selbst grünes Licht zur Fortsetzung Ihrer manifestierten Selbstorganisation. Sollten Sie allerdings unerwünschte Auswirkungen antizipieren, falls Sie so weitermachen wie bisher, dann ist es vielleicht besser, wenn Sie sich grünes Licht geben für eine Veränderung, die von Ihnen als Verbesserung erlebt wird. In diesem Fall geht das Spiel weiter und tritt jetzt in eine entscheidende Phase, die Phase der Veränderung.

4. Die Transformation
Wir kommen nun zum dritten Akt und dieser soll die Wende hin zum Besseren schaffen. Bitte erinnern Sie sich: Sie befinden sich im Theatersaal mit gutem Blick auf die Bühne und haben zuletzt erlebt, dass die Stimmung der Partygäste noch zu verbessern ist. Sicherlich möchten auch Sie, dass über Sie als Gastgeber gut gesprochen wird.
Die Schauspieler unterbrechen kurz die Inszenierung und machen eine Pause. Eine gute Gelegenheit für Sie, folgender Frage nachzugehen: Wozu könnten die von Ihnen anderen Personen zugeschriebenen Eigenschaften für Sie selbst in Zukunft nützlich sein?
Im Beispiel oben wurden die folgenden Eigenschaften genannt:

warmherzig +
rational -
faul -
kreativ +
nervenstark +
unnachgiebig -

Es soll nun herausgearbeitet werden, wie diese Nennungen so umgedeutet werden können, dass sie für die Person wertvoll bleiben oder werden.

Manchmal kann man einem Begriff wie z.B. Unnachgiebigkeit keine besondere Sympathie abgewinnen. Besonders dann geht es darum, eine solche zu erfinden! Wir erfinden sozusagen neue Bedeutungszuschreibungen, nämlich solche, die zum Aufbau einer integrativen Struktur auf der Ebene der Persönlichkeit beitragen.

Nehmen wir den Begriff „unnachgiebig“, im Beispiel negativ bewertet. Frau Thatcher wird in unserem Beispiel unterstellt, dass sie immer oder überwiegend unnachgiebig ist und dass die ihr zugeschriebene Eigenschaft deshalb ein Minuszeichen erhalten hat. Kein Mensch ist aber immer unnachgiebig. Durch die Frage z. B. „Hättest du dich irgendwann in deinem Leben einmal oder öfter unnachgiebig zeigen sollen aus der Perspektive von heute?“ Und: „In welchem Kontext wäre es heute angebracht, dich mehr oder weniger unnachgiebig zu zeigen?“ Oder: „Warum ich immer nachgiebig sein will.“ Aus den Antworten wird dann schnell deutlich, dass es durchaus passend wäre, den Begriff zu erweitern, umzudeuten hin zu z. B. „eindeutig handeln“, „eine getroffene Entscheidung umsetzen“, „klare Ja- und Nein-Aussagen machen“, „standfest sein“, „für klare Verhältnisse sorgen“, „wissen, was man selbst will“ usw.

Es gibt bei diesem Vorgehen keine richtigen und keine falschen Formulierungen, allerdings solche, die eher annehmbar erscheinen als andere.

Kommen wir zu dem Begriff „faul“. Faul sein wird ebenso negativ bewertet im obigen Beispiel. Um der bequemen Seite einer Person zu einer nutzbringenden Positionierung zu verhelfen, wird auch jetzt wieder gefragt, wann das Faulsein, das Bequemsein, das Pausemachen, das Sich-entspannen usw. zuletzt sinnvoll gewesen wäre und in welchen Kontexten es auch in Zukunft passend erscheinen könnte, einfach mal nichts zu tun. Hierdurch könnte das Faulsein schnell zu einem wichtigen Genieß- und/oder Gesundheitsfaktor werden und somit als wichtiger Bestandteil der Person in seiner Beliebtheit aufsteigen.

Sie sehen, es werden immer mehrere Wahlmöglichkeiten an Beschreibungen oder Fragen angeboten, um die bisherige einseitig negative oder einseitig positive Sichtweise zu hinterfragen in Bezug auf eine für die Gesamtperson günstigere, wünschenswerte Betrachtung des Selbst.

Seien Sie eingeladen, die für Sie selbst annehmbaren Umdeutungen für Ihre Eigenschaften zu entwickeln und wenn Sie möchten, diese Formulierungen am besten gleich aufzuschreiben.

Um herauszufinden, ob das, was Sie erfinden, für Ihre Person wirklich passend ist, beobachten Sie am besten Ihren Körper. An Ihrem Körpergefühl lässt sich vermutlich blitzschnell feststellen, ob Sie eine erleichternde, belebende, beruhigende usw. Umformulierung gefunden haben oder ob es zu eher unangenehmen Reaktionen kommt. Die Schauspieler haben ihre Pause beendet. Sie beginnen den dritten Akt damit, noch einmal für wenige Augenblicke das bisherige Schauspiel zu präsentieren: Sie begegnen den jeweils anderen Gästen ausschließlich mit der vorgegebenen Körperhaltung und dem Bewegungsablauf sowie der sprachlichen Botschaft. Plötzlich, mittendrin in diesem Szenario, geht die Tür zur Bühne auf, eine weitere Person betritt die Szene, ein Überraschungsgast also, und eine feierliche Musik mit Fanfaren, Posaunen und Trommelwirbel beginnt zu spielen.

Alle Gäste schauen wie gebannt auf die neu dazugekommene, wunderschön aussehende Person mit einer faszinierenden Ausstrahlung. Ihre Stimme ist beeindruckend klar und deutlich und ihre Bewegungen anmutig-lebendig, aber auch grazil. Sie betritt die Bühne und sagt laut und deutlich, wer sie ist. Sie geht von einem zum anderen, um ihn zu begrüßen auf eine einzigartig ansprechende Art und Weise und ihn bei der Hand zu nehmen und sich dann dem nächsten zuzuwenden und auch diesen Gast für sich zu gewinnen. Gemeint ist hiermit eine wirkliche Integrationsfigur.

Sie sitzen weiterhin im Theatersaal und betrachten, vielleicht überrascht über diese Wendung, das Geschehen vor Ihnen auf der Bühne. Jetzt die Frage an Sie: Wer könnte für Ihre eigene Selbstorganisation die passende Integrationsfigur sein oder werden? Welche Seite in Ihnen, welcher Teil in Ihnen sollte dazu geeignet sein, sollte diese Kompetenz haben, zu verbinden, einzuladen und auf eine wünschenswerte Verbesserung zu fokussieren? Wenn ich Klienten danach gefragt habe, haben sie oftmals geantwortet, dass es etwas Großes, etwas Übergeordnetes sein müsse, wie z. B. das Selbstvertrauen, die innere Weisheit, die Sinnhaftigkeit usw. Bitte entscheiden Sie nun für sich, welche Bezeichnung die passende ist, um diese Kraft zu beschreiben, die die intrapersonalen Elemente neu zu bündeln und zu verbinden vermag, die integrieren und stärken kann.

Der Überraschungsgast hat es inzwischen völlig mühelos geschafft, die sechs personifizierten Eigenschaften zu einem Kreis zusammenzubringen, so dass sich alle anschauen können und gesehen werden. Wie wurde das erreicht? Als Sie zu den einzelnen Gästen ging, hat sie den jeweiligen Nutzen dieser Eigenschaft für das Ganze laut und deutlich genannt, sie hat diese Eigenschaft als eine wertvolle Fähigkeit angesehen, als eine wichtige Ressource und damit eingeladen zu einer vertiefenden Kooperation mit den anderen. Als sich nun der Kreis ein wenig öffnet, werden Sie auf die Bühne eingeladen und können sich in den Mittelpunkt des Kreises stellen. Von hier aus schauen Sie Ihren eigenen Eigenschaften und Persönlichkeitsanteilen in die Augen. Sie sehen sie und Sie werden gesehen. Lassen Sie diesen Moment auf sich wirken, bevor wir zum Höhepunkt kommen.

5. Das Neue integrieren

Die Personen um Sie herum lösen den Kreis auf und stellen sich in einer Linie Ihnen gegenüber. Der Abstand zu Ihnen beträgt etwa fünf Meter. Die Musik bleibt weiterhin feierlich und festlich, diesem Augenblick angemessen. Nun schreitet die erste Eigenschaft auf Sie zu, bleibt im richtigen Abstand vor Ihnen stehen und sagt zu Ihnen: „Ich bin die Unnachgiebigkeit... und die Unnachgiebigkeit in dir." (Pause für einen Atemzug) ... „Ich bin deine Fähigkeit, eine klare Meinung zu entwickeln, Entschlüsse zielstrebig umzusetzen – und für das, was dir bedeutungsvoll ist, einzustehen." (Pause für 2 Atemzüge) ... „Willst du mich annehmen?"

Auf diese Weise kommt jede Eigenschaft zu Ihnen und bringt Ihnen einen Satz, eine Frage als Geschenk mit – und Sie haben die Wahl. Durch diese Satzkonstruktion wird aus jeder Eigenschaft eine Fähigkeit, die man für sich in Anspruch nehmen darf, die man zu einem Wesensteil seiner selbst werden lässt. Das Annehmen sollte vielleicht mit einem Händedruck, einer Berührung oder mit einer Umarmung markiert werden. Danach stellt sich die neu erworbene Fähigkeit neben Sie und bleibt in Kontakt mit Ihnen. Schließlich kommt als letzter der Überraschungsgast auf Sie zu, bleibt vor Ihnen stehen und sagt möglicherweise (falls das für Sie passend ist, sonst bitte Ihre eigene Version): „Ich bin das Selbstvertrauen und das Selbstvertrauen in dir – willst du mich annehmen?"

Sie stehen schließlich umgeben von Ihren Fähigkeiten auf der Bühne. Und für die meisten Leute, mit denen ich solche Arbeiten auf methodisch ganz unterschiedliche Art und Weise durchgeführt habe, ist dies eine vollkommen neue Erfahrung: nämlich zu erleben, dass alle Eigenschaften einer Person zu Fähigkeiten, Potenzialen und Ressourcen werden können, je nachdem welche Perspektive über sich selbst eingenommen wird, welche Annahmen und Glaubenssätze vorherrschen und welche Gefühle sein dürfen.

6. Der Applaus gehört dir
Schließlich möchte ich noch zu einer letzten Herausforderung einladen. Sie sollen sehen, wie Sie bereits jetzt einen Zustand der Stärke und Integrität erreicht haben. Ihr inneres Team, vertreten durch sieben Mitglieder, ist um Sie herum, als Sie sich plötzlich dem Zuschauerraum zuwenden, den Sie schon ganz vergessen hatten. Dieser ist inzwischen gefüllt mit Menschen, die Sie alle irgendwie kennen, mehr oder weniger gut: Verwandte und Bekannte, enge und entfernte Freunde, Nachbarn, Kollegen, Vorgesetzte, die Freizeitgruppe, jetzige oder frühere Lehrer, frühere Mitschüler, Mitspieler aus der Fußballmannschaft usw. Und Sie zeigen sich mit all ihren unterschiedlichen Fähigkeiten, Potenzialen und Kompetenzen, mit Ihrem neu integrierten Selbstvertrauen, mit Ihrer ganzen Person – und lassen sich feiern. Und eins ist sicher: der Applaus gehört Ihnen!
Ich bedanke mich bei Ihnen für's Mitmachen.

Die Methode der Parts Party ist äußerst komplex und vielseitig und kann in der therapeutischen Arbeit auch in unterschiedlichen Teilaspekten zur Anwendung kommen. Es beschreibt m. E. jedoch hervorragend das Grundkonzept der systemisch-integrativen Arbeit: das, was ist, annehmbar zu machen, zu einem Teil von sich selbst werden zu lassen, also zu integrieren und auf diese Weise seine Potenziale anzureichern.

Diese Therapieform hat immer die Absicht zu vervollständigen, zu ergänzen und zu bereichern. Die Methode, verschiedene Persönlichkeitsteile zusammen wirken zu lassen, sie aufeinander zu beziehen, sie zu einer Mannschaft, einem inneren Team oder fachlich ausgedrückt zu einer inneren Struktur aufzubauen, dient immer der Entwicklung der Gesamtpersönlichkeit durch mehr Lebensenergie und Zuversicht sowie einer großen Portion Selbstwert.

3.5. Selbstmanagement in Aktion

Im Folgenden möchte ich Sie einladen, sich auf ganz unterschiedliche Weise mit Ihrer eigenen Selbstorganisation so zu beschäftigen, dass Sie hierdurch ein aktuelles Entwicklungs-, Verbesserungs- oder Veränderungsprojekt optimal vorbereiten können. Diesen Prozess nenne ich Selbstmanagement in Aktion.

ÜBUNG

Übung 13: Die Erfolgsstory

Selbstmanagement möchte ich als die Kunst beschreiben, sich selbst zu seinen Zielen zu führen. Mal angenommen, Sie haben die Absicht, etwas in Ihrem Leben zu verbessern, neue Ziele zu erreichen, irgendetwas zu verändern oder etwas Neues aufzubauen. Dann können wir dieses Vorhaben durchaus als Projekt betrachten, das es durch eine geeignete Selbstorganisation zu managen gilt. Dabei gehe ich davon aus, dass dieses Projekt erfolgreich für Sie verlaufen soll. Um die Projektstrategie zu entwickeln und sich mit dem positiven Ergebnis vertraut zu machen, lade ich Sie ein, ein Navigationsmodell (in Anlehnung an Milton Ericksons Konzept der Utilisation, Virginia Satirs Konzept des Selbstvertrauens und Ben Furmans Konzept des Reteaming) zu benutzen, das Sie leicht durch die einzelnen Etappen des Projekts führen wird. Dieses Navigationsmodell heißt hier: Die Erfolgsstory.

1. Schritt: Auswahl eines persönlichen Veränderungsprojekts
In der nun beginnenden Vorbereitungsphase bitte ich Sie zunächst, ein Projekt auszuwählen, mit dem Sie sich im Folgenden näher beschäftigen möchten. Nehmen Sie sich ein ganz persönliches Projekt vor, etwas, was Sie gerne erreichen wollen, etwas, das Ihnen wichtig ist: ein Ziel, einen Wunsch, einen Traum oder eine Vision.
Es kann sich dabei um eine Veränderungsabsicht handeln, die sich auf die Partnerschaft, auf die berufliche Situation, auf die Kinder bezieht oder aber mehr mit Ihnen selbst zu tun hat.

Mein Vorhaben:

____

____

____

2. Schritt: Geben Sie Ihrem Projekt einen Namen
Damit Ihr Projekt gut gelingen wird, ist es äußerst vorteilhaft, ihm einen Namen zu geben. Mit einem Projektnamen wird jedes Vorhaben verbindlicher. Es kann sich dabei um eine konkrete Bezeichnung handeln oder auch

um einen Fantasienamen. Wichtig ist: Er soll attraktiv klingen und gut erinnerbar sein, so wie etwa eine Werbebotschaft, zum Beispiel „Stärke zeigen", „Mut zur Entscheidung", „Ich traue es mir zu" usw.
Wenn Sie möchten, dann erfinden Sie für Ihr Projekt gleich noch ein Logo, ein Markenzeichen, ein Symbol oder eine Leuchtreklame, die gut zum ausgewählten Projektnamen passt. Sie können auch ein passendes Foto aus einer Zeitschrift ausschneiden und hinzufügen.

Die Projektbezeichnung:

---

3. Schritt: Auswirkungsüberprüfung
Damit das Projekt Aussicht auf Erfolg hat und Sie wirklich damit beginnen, entsprechend Ihrer Veränderungsstrategie zu handeln, ist es dringend erforderlich, die möglichen und zu erwartenden Auswirkungen bei sich selbst und in Ihrem Umfeld zu beachten. Mit welchen Auswirkungen ist höchstwahrscheinlich zu rechnen, mit welchen nicht? Können Sie sicher sein, dass diese wirklich positiv sind, dass dieses Projekt Sie tatsächlich in eine bessere Lage, in einen besseren Zustand versetzen wird? Fragen Sie sich auch, mit welchen Negativfolgen zu rechnen ist und wägen Sie beides ab: Lohnt es sich überhaupt, sich auf den Veränderungsweg zu machen? Ist ein gutes Resultat, realistisch gesehen, zu erwarten? Wenn Sie Ihr Projekt erfolgreich abgeschlossen haben, was ist dann für Sie anders? Welchen Unterschied zu jetzt werden Sie feststellen können?

Mit welchen Auswirkungen ist zu rechnen:

---

4. Schritt: Evaluation des Nutzens
Fragen Sie sich jetzt nach dem Nutzen der angestrebten Verbesserung, der sich aus dem Ergebnis des Projekts ergeben soll: Mit welchem Vorteil, welchem Gewinn, welcher Befindlichkeit ist zu rechnen? (Eine Antwort könnte z. B. sein: „Ich gewinne an Profil.")

Der Nutzen:

Skalieren Sie jetzt Ihr Ergebnis auf einer Skala von –5 bis + 5

- 5	- 4	- 3	- 2	- 1	+ 1	+ 2	+ 3	+ 4	+ 5

Mit der Skalierung finden Sie sehr schnell heraus, ob es sich lohnt, Ihr Ziel zu verfolgen oder ob die Absicht des Projekts eigentlich gegen Sie selbst gerichtet ist, weil die Konsequenzen hieraus negativ bewertet werden.

5. Schritt: Vorteile des Nutzens
Überlegen Sie jetzt: Welche Vorteile hat für Sie dieser Nutzen? Welchen Nutzen könnte Ihnen der Nutzen bringen? (Eine Antwort könnte z. B. sein: „Mit einer besseren Profilierung erreiche ich mehr Ansehen/Einfluss." oder "Mit mehr Gelassenheit habe ich mehr Spielraum.")

Die Vorteile des Nutzens:

- 5	- 4	- 3	- 2	- 1	+ 1	+ 2	+ 3	+ 4	+ 5

Gehen Sie auch diesmal wie oben vor, um wirklich sicher zu sein, dass Sie sich mit Ihrem Projekt etwas Gutes tun. Sie können leicht feststellen, welchen Preis Sie eventuell zu bezahlen haben oder welchen „Gewinn“ Sie einfahren werden.
Sollten Sie im Negativbereich skaliert haben, dann brauchen Sie ein anderes Ziel und damit auch ein anderes Projekt. Beginnen Sie in diesem Fall wieder beim ersten Schritt, um herauszufinden, ob es eine Veränderungsabsicht gibt, die für Sie einen Nutzen beinhaltet, der wiederum als vorteilhaft eingeschätzt wird.

6. Schritt: Das erste Zeichen
Die Frage hier lautet: Welches ist das erste Zeichen, durch das Sie bemerken können, dass Ihr Projekt bereits begonnen hat? Es wäre doch schade, wenn Ihr Projekt bereits laufen würde und Sie hätten es noch nicht wahrgenommen. Diese Frage bietet die Möglichkeit, auch kleine Schritte der Veränderung zu beachten und nicht nur auf das Endergebnis zu schauen. Schon, um sich viele kleine Zwischenerfolge zu sichern, sollten Sie auf das erste Zeichen achten, denn jetzt werden Ihre Potenziale beachtet (und nicht eventuelle Versäumnisse).
Manchmal ist das erste Zeichen ein Handeln oder ein Gefühl, ein körperlicher Zustand oder ein Gedanke. Vielleicht ist die Wortwahl eine andere, vielleicht die Art und Weise, sich zu bewegen oder zu gehen, möglicherweise hat sich die Wahrnehmung gewandelt oder die emotionale Befindlichkeit.

Das erste Zeichen:

---

7. Schritt: Vertrauen stärken
Finden Sie nun heraus, auf welche Seite Ihrer Persönlichkeit Sie sich bei diesem Projekt besonders verlassen wollen. Welchem Anteil in Ihnen schenken Sie so viel Vertrauen, dass Sie sicher sein können: Es gelingt! Woher kommt diese Zuversicht?

Es gelingt weil:

Verbünden Sie sich mit dieser Seite in Ihnen. Machen Sie sie zu Ihrem wichtigsten Begleiter in dieser Angelegenheit. Jetzt können Sie sich auf sich selbst verlassen. Und natürlich braucht man häufig auch Kooperationspartner in Form realer Personen.

8. Schritt: Die Erfolgsgeschichte aufschreiben
Bitte stellen Sie sich jetzt vor, Sie befinden sich in der Zeit ein Jahr im Voraus. Nehmen Sie auch an, dass Ihr Projekt sehr erfolgreich verlaufen ist. Sie sind absolut zufrieden, Ihr Wunsch ist in Erfüllung gegangen, Ihr Ziel ist erreicht.
Werden Sie sich jetzt Ihrer Erfolgsstrategie bewusst. Wie sind Sie vorgegangen, wie sah Ihr Plan aus? Wie haben Sie Hindernisse gemeistert? Was hat Sie angetrieben? Bitte schreiben Sie jetzt die Geschichte Ihres Erfolgs!

Meine Erfolgsstory:

9. Schritt: Auf den Punkt gebracht
Nun bitte ich Sie, den wichtigsten Satz Ihres Artikels zu finden und aufzuschreiben:

Auf den Punkt gebracht:

---

10. Erfolgsfeier
Erfolge sind dazu da, gefeiert zu werden. Wie, wo, und mit wem möchten Sie Ihren Projekterfolg feiern? Entwickeln Sie ein entsprechendes Szenario. Überlegen Sie sich auch, bei wem Sie sich bei dieser Gelegenheit bedanken wollen. Denn Erfolg hat man selten allein. Machen Sie es z. B. wie bei der Oskarverleihung: Danken Sie den Leuten, die Ihren Erfolg möglich gemacht haben und beziehen Sie diese Personen im Moment des Erfolgs mit ein.

Was zusätzlich hilfreich sein kann, um Erfolge zu generieren:

- Kooperationen ermöglichen,
- Vertrauen in die eigenen Potenziale und Fähigkeiten,
- Fehlerfreundlichkeit kultivieren (wichtig für lernende Systeme),
- Aufmerksamkeit auf Kompetenzteile fokussieren,
- Rückschläge einplanen,
- Selbstreframing,
- Unterschiede als Vielfalt ansehen,
- auch kleine Erfolgssignale wahrnehmen,
- Projektmarketing und Öffentlichkeitsarbeit betreiben,
- Dankbarkeit zum Ausdruck bringen

4. Typologien des Wandels

Immer wieder wird in den Medien darüber berichtet, dass wir uns aktuell – bedingt durch die zunehmende Globalisierung – in einer schnelllebigen Zeit befänden. Sich zu orientieren, werde immer schwieriger, da das Karussell des Lebens sich immer schneller drehe. Nichts bleibe so, wie es mal war, auf nichts sei mehr Verlass.

Wenn Menschen sich an einer vorgegebenen Ordnung orientieren, Widerspruch und kritisches Denken unerwünscht sind, das Reproduzieren von Wissen höher eingestuft wird als das Produzieren neuer Wirklichkeiten (siehe Schul- und Hochschulsystem in Deutschland 2005), dann ist verständlich, dass die Notwendigkeit permanenten Wandels in Gesellschaft, Wirtschaft, Politik, Familie usw. bestenfalls als notwendiges Übel aufgefasst wird, das am besten die anderen vollziehen sollten. Es bleiben Passivität, Anpassertum oder Depression, eine Art Volkskrankheit in Deutschland.

Veränderungen werden auch deswegen nicht sehr geschätzt, weil vor allem politische Veränderungen, die sogenannten Reformen, aber auch die wirtschaftlichen „Umstrukturierungen" zu oft Nachteile für die Betroffenen mit sich bringen. Zugespitzt möchte ich behaupten: Wir sind auf der Hut vor zu vielen Veränderungen und nähmen gerne einige Nachteile in Kauf, wenn alles so bleiben könnte, wie es bereits war.

Kurzum, große Bereiche der Bevölkerung sind auf den Wandel nicht vorbereitet, die Sozialisation von Selbstkompetenz ist erst im Entstehen. Das ist verständlich, wenn man die Macht- und Wertestrukturen in unserer Gesellschaft (Schule, Hochschule, Unternehmen, Politik, soziale Beziehungen) betrachtet: direkte bzw. direktive Führung, Anpassung und Unterordnung, Standardisierung, Arbeitsteilung und Konkurrenz, Kontrolle und Misstrauenskulturen überall.

Die Menschen, so mein Fazit, sind auf den notwendigen Wandel in unserer Gesellschaft nur schlecht oder gar nicht vorbereitet. Dennoch finden Aspekte von Wandel im persönlichen und öffentlichen Leben ständig statt und müssen irgendwie gemeistert werden. Mangelt es an Veränderungsfähigkeiten beim Einzelnen, dann kann dies lebensbeeinträchtigende Folgen haben. Coaching, Beratung oder Psychotherapie können dann indiziert sein, um die erforderliche Persönlichkeitsentwicklung zu ermöglichen.

Wandlungsprozesse selbstorganisierender Systeme können eine völlig unterschiedliche Ausprägung haben und sind deshalb voneinander zu unterscheiden. Ich spreche hierbei von unterschiedlichen Wandlungstypologien, die ich im Folgenden beschreiben werde. Hierbei kann davon ausgegangen werden, dass mehrere Wandlungsprozesse zeitgleich in unterschiedlicher Ausprägung stattfinden können. Ein lebendes System im Stillstand ist undenkbar. Leben ist schließlich ständiger Wandel – entweder in Form von Anpassung an oder in Form von Beeinflussung von etwas innerhalb oder außerhalb des lebenden Systems. Der Begriff des Wandels wird hier benutzt als Überbegriff für die Vorgänge: Entwicklung, Veränderung und Krisen.

4.1. Entwicklungsprozesse

Schauen wir uns zunächst die Typologie der Entwicklungsprozesse an. Entwicklung findet im menschlichen Leben ständig statt. Sie stellt das Lebenskontinuum in unterschiedlichen Phasen dar. Entwicklung ist ein eher kontinuierlicher, von einem selbst oft nahezu unbemerkt stattfindender Prozess, der notwendig ist, um sich als psychisches System mit den organisch-biologischen Gegebenheiten und Zuständen des eigenen Selbst ebenso wie mit den sozialen Herausforderungen relevanter Kontexte zu arrangieren.

Entwicklungsverläufe finden kontinuierlich statt, von der Zeugung bis hin zum Tod. Sie können ergänzt, unterbrochen oder eingeschränkt werden. So kann es sein, dass sich bei einem Jugendlichen das körperliche Wachstum in einer Phase übermäßig schnell vollzieht, während die psychische Entwicklung zeitweise verlangsamt ist. Entwicklungsprozesse sind im menschlichen Leben eine Voraussetzung für die Lebenskontinuität. Entwicklung ist somit so etwas wie ein Flussbett, durch das das Leben seinen Weg nimmt. Die Unterbrechung von Entwicklung stört den kontinuierlichen Verlauf. Wichtige äußere Ereignisse im Leben können das natürliche Strömen unterbrechen, ganz oder teilweise verhindern oder Umwege notwendig machen. Psychische Entwicklungsstörungen können sich zum Beispiel eher wie Hochwasser (Emotionsüberschuss, zu viel auf einmal usw.) oder aber eher wie ein ausgetrocknetes Flussbett (Emotionsmangel, es passiert zu wenig, ausgepowert sein) zeigen. Im Rahmen der kontinuierlichen Entwicklung wird durch äußere Einflüsse eine Reaktion im Sinne einer Veränderungsleistung erforderlich, die die Fortsetzung der weiteren Entwicklung wiederum ermöglicht.

4.2. Veränderungen

Veränderungen unterscheiden sich deutlich von kontinuierlichen Entwicklungsprozessen, denn sie treten in Zeiten diskontinuierlicher Zustände auf und verlangen Maßnahmen, für die zunächst noch keine geeigneten Kompetenzen zur Verfügung stehen, die also Lernprozesse notwendig machen, mit der Absicht, die bislang gewohnte (gewünschte) Kontinuität auf einem anderen, besseren Niveau fortsetzen zu können. Persönliche Veränderungen werden notwendig, wenn sich eigene psychische oder soziale Strukturen verändern oder sich relevante Kontexte bzw. Umwelten wandeln.

Zu unterscheiden sind Veränderungen 1. Ordnung, also solche operativer Art, die man durch ein anderes Handeln 1:1 umsetzen kann. Man macht etwas anders als bisher, ohne sich selbst hierdurch zu ändern. Veränderungen 1. Ordnung sind bewusst planbar und sofort umsetzbar.

Hingegen gibt es keine genau planbare lineare Veränderung 2. Ordnung. Das Einzige, was hierbei planbar ist, ist das Nichtplanbare! Solche Veränderungen gelingen selten so, wie sie vorab angenommen oder geplant wurden. Sie sind zu komplex und vielschichtig (selbstreferenziell). Für Therapeuten und Berater stellt dies eine besondere Herausforderung dar. Wir müssen solche Veränderungen, die durch Veränderungen der Selbststeuerung realisiert werden, als lebendige Prozesse verstehen. Lebende Systeme können eigene Strukturen herstellen, sie sind autonom. Das bedeutet, jedes lebende System bestimmt selbst, welche Wirklichkeiten es konstruiert (Maturana und Varela)! Da es keine objektiv richtige Zustandsbeschreibung gibt („*So ist es.*"), kann es auch keine objektiv definierten, also „richtigen" Behandlungs- bzw. Veränderungsstrategien geben. In dem Maße, in dem sich Personen, Strukturen und Prozesse ändern, ändern sich hier auch wieder die Veränderungsmodalitäten selbst. Der Selbstbezug des Beobachters ebenso wie der des Therapeuten beeinflussen und subjektivieren das beabsichtigte Vorgehen bei jeder Veränderungsmaßnahme.

Systemische Veränderungsagenten kommunizieren immer den Nutzen des beabsichtigten Wandels für die Beteiligten. Sollte kein Nutzen zu finden und zu kommunizieren sein, ist möglicherweise mit einem Boykott der Beteiligten zu rechnen. Denn nicht jede Veränderung ist eine Verbesserung, aber Verbesserungen benötigen Veränderungen!

Unterschieden werden hier selbstinduzierte von fremdinduzierten Veränderungen. Es macht sicherlich einen qualitativen Unterschied, ob eine Person sich eine Veränderung vornimmt, also aus eigenem Antrieb handelt, um etwas Neues zu erreichen, oder ob der Mensch von außen zu einer Veränderung aufgefordert oder veranlasst wird. Die Veränderungsstrategien sind in beiden Fällen sehr unterschiedlich, wie ich im Folgenden aufzeigen werde.

4.2.1. Selbstbestimmte Veränderungen

Selbstbestimmte Veränderungen basieren auf intrinsischen, also von innen her, aus eigenem Antrieb kommenden Anreizen: Eine Person entscheidet sich bewusst für den Wandel des aktuellen Ist-Zustandes, um etwas im Leben zu verbessern. Der Anreiz für diese Art von Änderung liegt in der Zeit danach, also in einer konkreten Zielvorstellung, einem zu erreichenden Ergebnis, einem wünschenswerten Zustand oder einer Vision.

Veränderungen aus eigenem Antrieb gründen auf einer erlernten Sozialkompetenz, die es möglich macht, Ziele zu benennen und anzustreben, die vorhandenen Stärken auszubauen, neue Werte zu erfinden, die eigene Identität zu erweitern oder zu festigen. Dabei wird in diesem Prozess das Vertrauen in sich selbst gestärkt und die Selbstachtung kann wachsen. Die Organisation der Selbstorganisation ist darauf ausgerichtet, sich selbst so zu steuern, dass sich neue Strukturen und Prozesse aus sich selbst heraus entwickeln können, wodurch sich die Selbstattribuierung zieldienlich verändern kann und ein transformativer Wandlungsprozess realisierbar wird (siehe Grafikfeld A, S. 104). Grundlage für eine solche Veränderung 2. Ordnung ist der Glaube an einen Wert, an einen Nutzen oder an eine Verbesserung, die durch die Veränderungsleistung erreicht werden kann. Derartige Veränderungen können sowohl in Phasen psychischer Ausgeglichenheit und Stabilität stattfinden (man kann es sich erlauben, etwas Neues zu riskieren) als auch in Lebensphasen, die durch Labilität, Unzufriedenheit oder Instabilität gekennzeichnet sind („*So geht es nicht mehr weiter; ich muss/soll/will mich umorientieren.*").

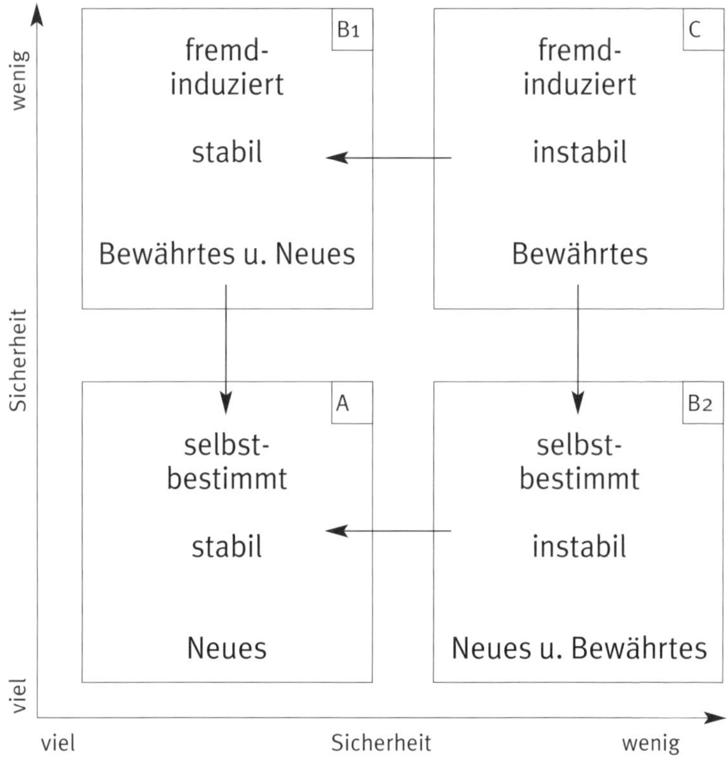

PRAXIS *Praxisbeispiel 7: Entscheidungsfindung*

Ein Kunde, ca. 30 Jahre alt, überlegt in einem Coachinggespräch, ob er sich beruflich verändern soll. Er führt einige Vorteile des jetzigen Arbeitsplatzes an, hat aber auch die Idee, anstatt weiterhin in guter Position in einer psychosozialen Einrichtung, künftig als Organisationsberater für Wirtschaftsunternehmen zu arbeiten, um mehr Gestaltungsspielraum zu haben und um mehr Geld zu verdienen. Man könnte meinen, er wäre mit diesen beiden Optionen in einer wirklich komfortablen Lage, zumal er beste Qualifikationen für beides vorweisen kann. Doch die Entscheidung fällt ihm äußerst schwer, er quält sich damit schon lange herum. In seinen Äußerungen kommen immer wieder Beschreibungen seiner zielhinderlichen Glaubenssätze zum Ausdruck, die ihm aber selbst eher unbekannt und bedeutungslos erscheinen. In seinem jetzigen Arbeitsgebiet fühlt er sich als Experte und kann

sich so geben wie er ist – authentisch. Gleichzeitig liegt für ihn ein großer Reiz in der Vorstellung, auch in Wirtschaftunternehmen als Berater und Entwickler tätig zu werden. Er denkt aber, in der Arbeit mit Fach- und Führungskräften in Unternehmen habe er sich zu verstellen, er müsse anders auftreten, sich anders kleiden, ein anderes Auto fahren usw. Zur Zeit würde er sich diesen Leuten unterlegen fühlen.
In seinen eigenen Worten: *„Ich habe jetzt den Eindruck, um mit solchen Leuten zu arbeiten (im Unternehmen), müsste ich zumindestens deren Orientierung verstehen und schätzen oder gutheißen. Das heißt, das klingt jetzt vielleicht komisch, aber ich müsste die Jeans gegen eine Stoffhose und den Pullover gegen ein Hemd mit Krawatte austauschen."*
Wie sich herausstellt, ist der Anreiz für eine tatsächliche Änderung in diesem Fall nicht groß genug. Bei selbstinduzierten Veränderungsabsichten bleibt man im Zweifelsfalle gerne beim Bewährten. Es lassen sich immer genügend Begründungen finden, um eine Veränderung aufzuschieben oder jetzt noch nicht mit der Umsetzung zu beginnen.
Nicht zu unterschätzen ist nämlich der Faktor Unsicherheit, der sich in jeder Art von Veränderungsprozess einstellt. Und nicht jeder mag diesen Kick, etwas Neues zu wagen, ein Risiko bewusst einzugehen und in die eigene Zukunftsgestaltung zu investieren. Besonders dann, wenn die Ausgangslage für das angestrebte Neue von zu großer Unsicherheit und Instabilität geprägt ist (siehe Grafikfeld B2), kann es zu einem Dilemma der Möglichkeiten kommen. Dies zeigt sich in einem Entweder-oder-Muster, das eine vorschnelle Entscheidung für die eine oder andere Option verhindert, aber auch für Stillstand sorgt. Es mangelt in diesem Fall an der Vorstellung, dass es nicht darum geht, etwas auszuschließen, sondern alles miteinander in Verbindung zu bringen – in der Form, dass das Neue auf der Basis und mit der angemessenen Wertschätzung für das Bisherige realisiert wird. Es könnte auch sein, dass ein Versuch in Form eines Pilotprojekts Aufschluss über den möglichen zu erwartenden Erfolg des neu Angestrebten geben kann und somit die Sicherheit für die richtige Vorgehensweise erhöht wird.
Versäumt man es beizeiten, die für sich wichtigen, passenden, richtigen und nützlichen Veränderungen umzusetzen, muss mit Auswirkungen und Nebenkosten zu einem späteren Zeitpunkt gerechnet werden. Es werden dann die äußeren Einflüsse Veränderungserwartungen artikulieren, auf die man dann nur noch reagieren kann. Die Chance des proaktiven Handelns wurde (wieder einmal ?) vertan.

Viele Menschen, die in meine Praxis kamen, hatten das Gefühl, vom Leben bestimmt zu werden, ihm sozusagen ausgeliefert zu sein. Sie haben es häufig verpasst, für sich die richtige Entscheidung zum richtigen Zeitpunkt zu treffen und selbstgestaltend zu agieren. Und ist es nicht legitim, so lange mit einer Veränderung zu warten, bis der Druck von außen groß genug ist, um sich mit neuen Möglichkeiten zu beschäftigen? Ich meine: Ja, es ist legitim, doch sollte man sich dann nicht gleichzeitig darüber beklagen, dass Veränderungen anstehen, die man eigentlich nicht gewollt hatte.
Zu den Veränderungs-Verhinderungsstrategien im Besonderen gehören

- Informationsmangel: „Ich konnte doch nicht wissen..." oder „Wenn ich das gewusst hätte..."
- Fehlende Prioritäten: Hiermit ist vor allem gemeint, das Dringliche nicht vom Wichtigen zu unterscheiden und somit auf eine sinnvoll-machbare Planung der Veränderungsstrategie zu verzichten.
- Sich zu viel vornehmen: Hiermit kann man sich ständig überfordern und laufend Misserfolge generieren. Kleine Brötchen backen wäre die bessere Lösung.
- Potenziale übersehen: Viele Leute verhalten sich deswegen veränderungsresistent, weil sie sich ihrer Möglichkeiten nicht bewusst sind und vorschnell aufgeben.
- Das Gute und Bewährte in der bisherigen Alltagsroutine nicht zu würdigen und nicht zu bewahren und „das Kind mit dem Bade auszuschütten".
- Fehlende Feedbackkultur: Das bedeutet u. a., sich selbst keine Rechenschaft abzulegen über die Inszenierung des Veränderungsprozesses.
- Fehlende Evaluation des Erreichten: Es fehlt an den Zielkriterien. Somit kann man nicht wissen, wann das angestrebte Ergebnis erreicht ist. Die Bewertung wird hierdurch eingeschränkt und erzielte Erfolge werden übersehen, anstatt sie zu feiern. Die gewählte Veränderungsstrategie fokussiert nur auf ein anderes Handlungsmuster und ist nicht durch die Erreichung von selbst gesteckten, relevanten Zielen motiviert.
- Schuldzuweisungen: Die anderen sind schuld, dass man sich nicht verändert. Hiermit macht man die anderen stark und sich selber schwach. Die anderen werden geradezu eingeladen, Macht auszuüben. Man selbst ist zwar „unschuldig", aber auch gleichzeitig unfähig, sich selbst aus eigenem Antrieb zu bewegen.

4.2.2. Fremdbeeinflusste Veränderungen

Fremdinduzierte Veränderungen werden notwendig, wenn das psychische Gleichgewicht durch äußere Einflüsse andauernd außer Balance geraten ist und eventuelle Kompensationen oder Lösungen 1. Ordnung, also operative und somit transaktionale Veränderungen, nicht die gewünschte Wirkung zeigen. Die äußeren Umstände erfordern von einem Menschen, sich neu zu orientieren.

Da es an einem eigenen Veränderungswunsch mangelt, kann die Motivation für diesen Prozess als eher gering eingeschätzt werden. Die Alltagsroutine ebenso wie der Wert des Bisherigen und Bewährten werden durch andere oder Äußeres in Frage gestellt. Die Erwartungshaltung der Außenwelt hat sich gewandelt und es wird von außen angenommen, dass personale Veränderungsmaßnahmen ergriffen werden.

Die fremdbeeinflusste Veränderung kann ebenfalls wie die selbstbestimmte in einer Lebensphase von psychischer Stabilität (siehe Grafikfeld B1, S. 104) oder Instabilität (siehe Grafikfeld C, S. 104) auftreten und notwendig werden. Gleichzeitig kann sie einen Zustand von Instabilität erzeugen oder zur Folge haben. Menschen, von denen unverhofft erwartet wird, dass sie sich ändern, können leicht in eine mehr oder weniger stark ausgeprägte Krise gelangen, so dass sie eine doppelte Herausforderung zu meistern haben: Zum einen müssen sie sich der notwendigen Veränderung stellen, zum anderen haben sie mit den inneren Befürchtungen, Ängsten und Unsicherheiten umzugehen, die ohne die fremdinduzierte Veränderung nicht vorhanden wären.

Je geringer das Eigeninteresse an einem Wandel der Gegebenheiten und je größer der Zustand an sozial-emotionaler Instabilität ist, desto intensiver wird das Maß an gelebter Unsicherheit sein. Und Unsicherheit erzeugt – ebenso wie Angst – häufig ein sekundäres und noch massiveres Gefühl: die Angst vor der Angst. Deshalb ist es wichtig, in psychotherapeutischen und beraterischen Prozessen dafür zu sorgen, dass Instabilität sich zu zunehmender Stabilität entwickeln kann und die anfängliche Fremdbestimmtheit mit eigenen Bedeutungszuschreibungen und Sinngebungen versehen wird. Es ist wichtig, sich als Veränderungsagent mit dem Zustand der psychischen Selbstorganisation des Kunden- oder Klientensystems vertraut zu machen. Ich lege in einer solchen Phase großen Wert auf die Betonung des Bewährten. Um sich zu verändern, muss ja nicht alles anders werden, sondern vielmehr ist herauszuarbeiten, welche Verbesserungen mit den bisherigen Mitteln zu erreichen sind. Das Wort „Verbesserung“ wirkt in diesem Zusammenhang wie ein Zauberwort. Es entfaltet Kräfte. Denn, daran möchte ich an dieser Stelle nochmals erinnern, nicht jede Veränderung führt zu einer Verbesserung, aber jede Verbesserung erfordert eine Veränderung. Das ist der Weg, der zu einer selbstmotivierten Veränderung führt, um für sich eine Verbesserung zu erlangen.

4.3. Veränderungen als Lernprozess

Jeder Mensch hat im Laufe seines Lebens tausende von Lernprozessen erfahren. Lernprozesse haben das Leben und die Selbstorganisation eines jeden Menschen partiell oder grundlegend beeinflusst. Jedes Handeln, jede Kommunikation ist Ausdruck erfahrenen, gelernten Lebens. Betrachten wir einen Veränderungsprozess als Lernprozess, dann stellen wir uns auf die Seite bereits vorhandener Erfahrungen. Gleichzeitig wird eine wirkliche Veränderung, die einen Perspektivewechsel voraussetzt, eine Haltung oder Einstellung tangiert und beeinflusst und die Steuerungselemente der Selbstorganisation in Form von vorhandenen Selbstattribuierungen wandelt, nicht spurlos an einem vorübergehen. Veränderung zeigt und hinterlässt Spuren neuer Erfahrungen, neuen Lernens. Prozesse bewusster Veränderungen hin zu etwas Neuem verlaufen in der Regel in fünf Phasen, die ich im Folgenden in Anlehnung an die mündlichen Mitteilungen Virginia Satirs (1986) beschreiben werde:

1. Phase: Status quo

Als Ausgangssituation eines Veränderungsprozesses kann ein Ist-Zustand im Gleichgewicht angesehen werden. Das lebende System befindet sich in einem Zustand der Homöostase, wobei davon auszugehen ist, dass es diesen Idealzustand wohl kaum in absoluter Ausprägung über längere Zeitspannen geben wird. Zu oft sind besonders im Erwachsenenalter psychische Symptome, körperliche Krankheitszustände, psychosomatische Auffälligkeiten und/oder Suchtverhaltensweisen mit im Spiel, um den chronifizierten Verlust des Gleichgewichts zu kompensieren. Das eigentliche Problem ist also nicht das Symptom oder das präsentierte oder gefühlte Problem, sondern der Zustand fehlender Balance. Solange jedoch die Funktionstüchtigkeit der personalen Selbstorganisation gewährleistet scheint, gibt es oftmals keinen Grund zur Beunruhigung. Erst wenn die Kompensationsbemühungen nicht mehr ausreichen, das „Mehr desselben" sich ad absurdum führt, wird es kritisch. Hiermit soll noch einmal deutlich werden: Lösungen 1. Ordnung stellen keinen wirklichen Veränderungsprozess dar, sondern können Schwierigkeiten meistern helfen. Das fehlende Gleichgewicht wird hierdurch nicht tatsächlich beeinflusst.

Mit dem Ist-Zustand wird hier der subjektiv gefühlte Zustand beschrieben, der für eine bestimmte Person – und nur für diese – als normal angesehen wird. In diesem Zustand vertraut man auf die gemachten Erfahrungen und auf die gelernte und bewährte Alltagsroutine in jeder Hinsicht. Alles fühlt sich irgendwie normal an, so wie immer, so wie man es kennt und gewohnt ist. So könnte es zwar weitergehen, doch ist man ständig eigenen oder fremden Einflüssen, Erwartungen, Wünschen oder Forderungen ausgesetzt, vor denen man sich nur überwiegend, aber nicht ausschließlich schützen kann.

2. Phase: Das neue Element

Es ist immer möglich, dass sich in das Leben eines Menschen ein „neues Element" einschleicht, etwas, das das Leben dieses Menschen so beeinflusst, dass er ins Ungleichgewicht kommt. Ein solches neues Element kann eine Person (ein neuer Vorgesetzter, eine neue Lehrerin, die Geburt eines Kindes), ein Ereignis (Lottogewinn, Verlust des Arbeitsplatzes, Tod einer wichtigen Person, plötzliche Krankheit), eine Vorgabe, eine Umstrukturierungsmaßnahme, ein neues Gesetz (eine Reform), ein Standortwechsel der Firma, eine veränderte Marktsituation (Preis- oder Zinserhöhung/Zinssenkung), neue Nachbarn oder der Drogenkonsum der 14-jährigen Tochter etc. sein. Kurze Krisenzustände können sich aber auch schon einstellen, wenn der Zug Verspätung hat, ein Flug gestrichen oder plötzlich vor einem das Stauende erkennbar wird. Jetzt ist man plötzlich einer unerwarteten Situation ausgeliefert und weiß zunächst nicht, was man machen soll. Es ist wie in einem Traum, man will es nicht wahrhaben, man wehrt sich verzweifelt dagegen, ist wütend oder zerknirscht oder ohnmächtig.

Solche neuen Elemente präsentieren sich als Herausforderung für das bestehende System. Durch ein neues internes oder externes Element kommt es im System zu einer notwendigen Anpassungs- oder Einflussnahmeleistung, sofern der Zugang zu den notwendigen Potenzialen oder Ressourcen vorhanden ist. Ist dies nicht der Fall, wird der instabile Zustand als nicht bewältigbar erlebt, es kann zur Krise kommen.

3. Phase: Das Chaos

Die Phase, in der ein neues Element bedeutsam wird, wird oftmals als Phase der Instabilität oder gar als Chaos erlebt, z. B. als Gratwanderung zwischen dem Erwarteten und dem Unverhofften bzw. dem Alten und dem Neuen. Im Bewusstsein findet eine starke Ambivalenz statt. Das Bisherige war doch bislang so gut, wieso wird es jetzt in Frage gestellt? Und das Neue ist noch völlig unvorstellbar. Das Bisherige steht nicht mehr wie bisher zur Verfügung, das Neue ist noch nicht realisierbar.

Dieser Zustand kann als sehr unangenehm erlebt werden. Er ist kritisch, denn auf die bisherige Orientierung ist kein Verlass mehr. Es wird nach Schuldigen gesucht oder man fühlt sich selbst als der oder die Schuldige. Hätte man doch nur... oder besser nicht! Oft führt solch eine Zeit der Unbeständigkeit und Orientierungslosigkeit zu Irritationen, zu Ohnmacht, zu psychosomatischen Reaktionen oder zu körperlichen Krankheiten, z. B. wenn das Immunsystem geschwächt ist. Jetzt ist es wichtig, die Notwendigkeit der Veränderung als Chance zu begreifen und ihr einen Nutzen, irgend etwas Gutes abzugewinnen. In der psychotherapeutischen Arbeit kann jetzt auf die Zeit nach dem Problem fokussiert werden, denn vermutlich liegt diese Zeit völlig außerhalb der eigenen Betrachtungsweise des Klientensystems. Die Fokussierung auf die Zeit danach kann Mut machen und eine wichtige, neue Perspektive erschließen. In einem langsamen Prozess kann neues Vertrauen aufgebaut werden.

4. Phase: Das neue Lernen

Aus einer fremdbestimmten kann eine selbstbestimmte Veränderung werden, indem das Neue mit einem hohen Maß an Attraktivität versehen wird. Es soll deutlich werden, dass man etwas Besseres gewinnt, wenn man das Bisherige hinter sich lässt. So entwickelt sich ein Prozess des Loslassens und Annehmens, um ein attraktives Ziel, einen wünschenswerten Zustand oder eine wertvolle Betrachtungsweise anzustreben. Durch die Attraktivität des Neuen ist das System bereit, ein Risiko einzugehen und sich mehr noch auf das Neue zuzubewegen.

Hierbei kann es sich z. B. um neue Fähigkeiten handeln: Eine Person, die bisher immer zu allem „Ja“ gesagt hat, erfährt die Attraktivität von Wahlmöglichkeiten, indem sie sich in Zukunft erlebt, wie sie zusätzlich zum (bisherigen) „Ja" auch (neues) „Nein" sagen kann.

Es beginnt ein neues Lernen, zunächst voller Unsicherheiten und Unwägbarkeiten. Mehr und mehr jedoch wird das Neue zu einer neuen Kompetenz (Erinnern Sie sich noch, wie Sie das Autofahren erlernt haben?) und somit zu einer neuen Konstanten. Natürlich ist die neue Kompetenz der Entscheidungsfindung mit Risiken versehen, denn andere sind es nicht gewohnt, von dieser Person ein „Nein" zu hören. Sie werden sich hierdurch umorientieren müssen und sich vielleicht sogar entscheiden, mit einer Person, die beides kann, die also „Ja" und „Nein" sagen kann, nichts mehr zu tun haben zu wollen. Deshalb biete ich im psychotherapeutischen Kontext gerne an, das Neue zunächst dosiert, von Zeit zu Zeit, alternierend mit dem Bisherigen zu testen, um anhand der gemachten Erfahrungen Schlüsse für das weitere Vorgehen zu ziehen.

Wichtig ist diese Lernphase, um aus dem Neuen eine neue Alltagsroutine zu machen. Jetzt wird die Phase der Irritation und Unsicherheit allmählich beendet, obwohl es besonders zum jetzigen Zeitpunkt zu Fehlern kommen wird. Auch Rückschläge sind einzukalkulieren. Diese bieten die Möglichkeit, die Zielattraktivität zu überprüfen und eventuell zu stärken oder aber das Ziel neu zu bestimmen. Gestärkt durch diese wichtigen neuen Lernerfahrungen kann das neue Projekt anvisiert werden. Es geht mit neuer Energie in die bevorzugte Zielrichtung.

5. Phase: Der neue Status quo

Der Veränderungsprozess wird abgeschlossen, wenn die Phase der Unsicherheit und des neuen Lernens dazu beigetragen hat, das Bewahrenswerte des Bisherigen mit dem Neuen zu einem zukünftigen Potenzial zu integrieren: zu einem neuen Status quo.

Durch diesen Lernprozess wird gleichzeitig eine lebenswichtige Erfahrung gemacht: Es ist möglich, schwierige Herausforderungen zu meistern. Diese Erfahrung kann sich zu einer wichtigen Quelle für die eigene Schöpfungs- und Gestaltungskraft entfalten, aus der in Zukunft neue Lebensenergie gewonnen werden kann.

Der oben beschriebene Verlauf stellt einen vollständigen Veränderungsablauf dar. Im Verlauf des Lebens gehen wir alle durch eine Vielzahl solcher Veränderungsprozesse und in dem Maße, in dem wir die Probleme meistern, stärken wir unsere Selbstorganisation und das Vertrauen in uns selbst und unsere Kompetenzen und Möglichkeiten. Wir können uns ihnen mehr und mehr anvertrauen, uns auf sie verlassen und nehmen neue Herausforderungen als weitere Chance an, uns durch uns selbst weiterzuentwickeln und zu verwirklichen.

Auf diese Weise wird im Laufe des Lebens ein immer wieder neuer Lernprozess gefordert, der anfangs zu emotionaler Belastung, zu Stress, Befürchtungen, großer Sorge, Ängstlichkeit und Verwirrung führt. Sich von der bisherigen Routine zu befreien und Neues auszuprobieren, ist mit Selbstzweifeln belegt und wirft Fragen auf: Kann ich das überhaupt? Geht mir nicht der Boden unter den Füßen verloren? Wird es mir jemals wieder besser gehen? usw.

Erst mit zunehmender Veränderungserfahrung wird aus der Angst vor der Veränderung Zuversicht, denn inzwischen sind bereits einige gute Erfahrungen zu verzeichnen. Die Sicherheit nimmt zu, auch die neuen Herausforderungen zu meistern. In dieser Phase zunehmender Veränderungserfahrung sind die Angst und die Neugier auf das Neue gut ausbalanciert, denn es ist schon einmal oder mehrmals gut gegangen. Je mehr gute Erfahrungen ein Mensch mit Problemlösungen gemacht hat, um so leichter wird aus der anfänglichen Unsicherheit ein starker Optimismus, es auch diesmal wieder zu schaffen. Menschen wachsen also mit den Herausforderungen ihres Lebens. Veränderungen werden zur Routine, sie werden ein wichtiges integrales Strukturelement der persönlichen Selbstorganisation.

Persönliche Reife erwächst aus der Erfahrung, Unsicherheiten, Irritationen, gefühlsmäßiges Chaos und angstvolle Momente durchzustehen, sie zu meistern. Auf dieser Basis können Risiken gut und realistisch eingeschätzt werden. Die Probleme werden insgesamt nicht weniger, aber der Umgang mit ihnen leichter. Auch Krisen können zukünftig nicht ausgeschlossen werden, sondern sie werden geradezu erwartet. Der persönliche Wachstumsprozess erlaubt es, sich das Leben in den schönsten und in den schlimmsten Farben auszumalen, um auf den worst case, den schlimmsten zu befürchtenden Fall, ebenso vorbereitet zu sein wie auf den best case. Es wäre doch zu schade, wenn das Glück vorbeikäme und man wäre nicht darauf vorbereitet, es für sich in Anspruch zu nehmen!

4.4. Krisen

Der Lebensweg verläuft niemals geradlinig, sondern ist durch Phasen unterschiedlicher Lebensintensität charakterisiert. Es gibt in jedem Leben Höhepunkte und Krisen der unterschiedlichsten Art. Krisen entstehen dann, wenn die Lebensumstände Veränderungen verlangen, die mit den herkömmlichen Mitteln nicht zu erreichen sind, z. B. in Phasen von Desintegration oder Neuorganisation. Zu Krisen kommt es deshalb, weil die bisherigen Bewältigungsstrategien nicht mehr ausreichend wirksam werden und neue Potenziale, Fähigkeiten oder Ressourcen erst noch (wieder-)entdeckt werden oder hinzukommen müssen. Krisen sind Zeiträume äußerster Intensität im Erleben, da hierbei notwendige Veränderungen vor allem in der Qualität der inneren Selbstorganisation erforderlich sind. Somit bieten Krisen der Person immer auch die Chance zur Weiterentwicklung.

In Krisenzeiten, ebenso wie in Zeiten der Euphorie, sind Menschen intensiv in Kontakt mit ihrer Gefühlswelt. Besonders negativ erlebte Gefühle versucht man häufig zu unterdrücken oder zu kontrollieren. Diese Absichten und Verhaltensweisen sind allerdings immer gegen die Person, also gegen sich selbst gerichtet. Gefühlsenergien werden gestaut, statt ins Fließen zu kommen. Hierdurch werden psychische Störungen und Symptome begünstigt oder aufrecht erhalten.

Bei allen Krisen besteht ein Gefühl der Angst bis hin zu Panik und eine erhöhte körperliche Anspannung verbunden mit anderen Gefühlen wie Wut, Trauer, Einsamkeit oder Leere. Zunächst verhält sich die Person jedoch nach alten Mustern, traditionell sozusagen: mehr desselben anstelle von Neuem. Die Haltungen und Verhaltensweisen im Umgang mit der Krise zeigen die bisherigen Orientierungen auf: Werte, Selbstattribuierungen, Regeln und Glaubenssätze usw. werden deutlich. Jede Krise hat ihre Zeit, man kann sie nicht vorwegnehmen oder überspringen. In der Krise „spitzt es sich zu". Hier muss entschieden werden, welche Richtung das Leben nehmen soll. Die Krise sehe ich somit als Ansporn zu einer wichtigen persönlichen Wandlung. Sie ist der letzte Wendepunkt.

Es gibt eine Vielzahl unterschiedlicher Krisentypologien, solche, in denen eher die Überforderung im Mittelpunkt des Erlebens steht oder im Gegenteil eine massive Unterforderung wirksam wird. Ein Zuviel an Leistung, Verantwortung, Flexibilität usw. führt ebenso zur Beeinträchtigung oder gar Auflösung integrativer Persönlichkeitsstrukturen wie das Gefühl der Einsamkeit oder das Gefühl, nicht mehr gebraucht zu werden, überflüssig zu sein usw.

Die häufigste Krisenart ist wohl die Verlustkrise, die traumatisch gefärbt sein kann und zu tiefer Trauer, Enttäuschung, Verletztheit usw. Anlass gibt. Man kann den liebsten Menschen verlieren, seinen Job, seine Gesundheit, seine Heimat, sein Zuhause oder auch sich selbst. Dies gehört zum individuellen Menschsein ebenso wie zur Menschheitsgeschichte überhaupt: Ein Leben ohne Krise, ohne schmerzhafte Verluste, ohne den Sinn des Lebens in Frage zu stellen, scheint mir unvorstellbar. Gerade deshalb sollte es in allen Bildungseinrichtungen ein Schulfach mit dem Titel „Sozial-emotionale Kompetenzen" geben, um hier emotionales Krisenmanagement, Problemlösungsstrategien, soziales Engagement und den konstruktiven Umgang mit Konflikten zu erlernen.

Lebenskrisen entstehen durch den Übergang von einer Lebensphase in eine andere: Pubertätskrise, Anpassungskrise, Neuorganisationskrise in der Partnerschaft und in der Familie (Geburt eines Kindes, der Auszug der Kinder, die Trennung der Eltern, die Scheidung, der Tod eines Elternteils usw.), Wechseljahre, Sinnkrise in der Lebensmitte und die Alterskrise sind Beispiele hierfür.

Der Wunsch oder der Drang, dem Leben ein Ende zu setzen, manifestiert die extremste Form der Krise. Suizidalität bedeutet, den Sinn des Lebens in Frage zu stellen. Verbunden ist dieser Zustand mit dem Erleben von Depression, Sinnlosigkeit, Leere, Einsamkeit und dem Gedanken, es so nicht mehr aushalten zu können. Es ist ein Zustand der Perspektivelosigkeit. Die Wandlung zum Neuen wird nicht im Leben, sondern im Tod gesucht.

Zum tieferen Verständnis darüber, wie sich Krisen im Alltag darstellen können, möchte ich Sie im folgenden mit zwei Praxisbeispielen vertraut machen. Zunächst ein Beispiel aus einer Einzeltherapie, daran anschließend die Beschreibung einer familientherapeutischen Arbeit.

PRAXIS

Praxisbeispiel 8: Suizidalität

Ein Klient, ca. 35 Jahre alt, meldet sich zur Therapie an, weil er sich in einer schweren Krise befindet. Schon wieder sei eine Partnerschaft gescheitert und er könne dem Leben keinen Sinn mehr abgewinnen. Allerdings sei seine vierjährige Tochter, die er alle zwei Wochen für einige Tage zu Besuch habe, ein Grund, weiter am Leben zu bleiben. Er möchte so gerne eine Familie (er hat drei Kinder von drei verschiedenen Frauen), weil er ein Familienmensch sei. Er könne nicht verstehen, warum seine Partnerschaften alle nach kurzer Zeit zu Ende gingen.

Dann macht er seinen Eltern massive Vorwürfe: Seine Mutter hätte nie Zeit für ihn als Kind gehabt, hätte sich aus Egoismus von seinem Vater getrennt und mit vielen Männern Beziehungen gehabt. Sein Vater sei ein netter Kumpel gewesen, aber zu weich und zu inkonsequent.

Das erklärte Ziel des Klienten ist es, beziehungsfähig zu werden und das Leben zu meistern.

Aus dieser Schilderung wird deutlich, wie verschiedene ungelöste Krisen aus unterschiedlichen Lebensphasen sich zu einer massiven Bedrohung aufbauen, die insgesamt kaum noch handhabbar erscheint. Dem Klienten ist keine positive Bewältigungserfahrung bewusst. Er hat keinen Zugang zu seinen Kompetenzen und Ressourcen, sieht nur noch das Damoklesschwert ungelöster und angehäufter Lebenskrisen vor sich – und seine kleine Tochter als Lichtblick. Die einzige Lösung, die er in der aktuellen Zuspitzung seiner Lebenskrise sieht, ist ein Suizid.

In den ersten Sitzungen arbeite ich mit ihm daran, Kontakt aufzunehmen mit dem Kind, das die Trennung seiner Eltern als schmerzhaft erlebt hat. Dieser Kontakt ist meistens eine Ressource und schafft neue Lebensenergie. Das Lösungsszenario besteht darin, dass er dem kleinen Jungen dankt dafür, dass er das alles damals durchgestanden hat – auch – damit er heute etwas aus seinem Leben als Erwachsener machen kann.

Der Kontakt zu dem Kind, das man einmal war, stärkt fast immer den Selbstbezug und die Eigenliebe. So war es auch in diesem Fall. Danach habe ich das Lebenspanorama als Methode gewählt (siehe Übung 14), um Krisen- und Höhepunkteerfahrungen zu einer neuen Kraft zu verschmelzen. Erst danach bot ich an, das Thema Partnerschaft und Familienwunsch zu bearbeiten. Durch die Therapie ergaben sich für den Klienten einige wichtige, neue Lebensperspektiven, auf die hier nicht näher eingegangen werden kann.

Praxisbeispiel 9: Panikattacken als Lösung

PRAXIS

Eine Familie kommt zur Therapie: der Ehemann, ca. 40 Jahre alt, die Ehefrau, ca. 38 Jahre alt und die Tochter (einziges Kind der beiden), 14 Jahre alt. Sie kommen zur Therapie, weil sie nicht mehr weiter wissen im Umgang mit den Angstattacken der Tochter, die immer zur Zeit des Schlafengehens und während der Einschlafphase einsetzen. Sie sehe dann am Fenster Gespenster, Hexen, Horrorwesen und bekomme panische Angst. Nur, wenn die Mutter am Bett sitze, könne sie einschlafen. Das verlaufe jetzt bereits seit einigen Wochen so und die Befürchtung sei groß, dass es sich negativ auf die Schulleistungen und die Konzentration des Mädchens auswirken könnte. Als Ziel wird benannt, dass der „Horror“ (Aussage der Tochter) aufhören solle, dass das Familienleben sich wieder normalisieren möge (Aussage der Mutter) und dass es der Tochter wieder besser gehen solle (Aussage des Vaters).

Zwei Hypothesen stelle ich in dieser Anfangsphase auf: Das Symptom ist stark genug, um die ganze Familie zu aktivieren und sich Hilfe von außen zu holen. Es muss sich also um etwas wirklich Störendes handeln. Und: Es muss sich irgendetwas verändert oder zugespitzt haben im Familiensystem, um dieses Symptom zu bekommen. Das Symptom muss einen Sinn haben, es kommt nicht einfach so daher.

Die Frage nach den bisherigen Lösungsversuchen macht deutlich, dass es auf der praktischen Ebene (anderes Schlafzimmer, mit Licht schlafen usw.) noch nicht gelungen ist, eine Verbesserung herzustellen. Auch ein verschriebenes Beruhigungsmittel hatte nicht den gewünschten Erfolg und wurde durch die Mutter wieder abgesetzt. Lösungen 1. Ordnung, die auf eine Kontrolle des Problems ausgerichtet waren, wurden also bereits erfolglos eingesetzt. Jetzt sind andere Denkmuster und Lösungswege gefragt.

Nachdem ich mich eine Weile mit allen dreien über die Problemlage und die vergeblichen Lösungsbemühungen ausgetauscht habe, leite ich mit einer Aussage die nächste Phase des Gesprächs ein: *„Das Ganze hat so etwas Beunruhigendes.“* Die Tochter nickt und stimmt der Aussage zu. Ich frage sie: *„Was meinst du, wer in deiner Familie kennt dieses Gefühl, beunruhigt zu sein, ebenfalls? Dein Vater vielleicht?“* Der Vater lässt mich nicht ausreden und seine Tochter nicht antworten, sondern betont, bei ihm wäre alles in Ordnung, nur die Gespensterszene jeden Abend würde ihn verunsichern. Ich danke ihm für diese Mitteilung und setzte meinen Satz an die Tochter fort: *„Oder deine Mutter vielleicht?“* Sie schaut die Mutter an, und in diesem Moment beginnt diese zu zittern – zunächst die Lippen, dann das Gesicht – und sie beginnt zu weinen. *„Ja, ich bin sehr beunruhigt, sehr beunruhigt, ich kann so nicht mehr weiter machen, so geht es nicht mehr weiter.“*

Im weiteren Gesprächsverlauf wird deutlich, dass der Ehemann seit vielen Jahren eine Außenbeziehung hat, der sie zu Beginn selbst zugestimmt hat, aus Angst, er könne sie und das Kind sonst verlassen. In all den Jahren habe sie zurückgesteckt, diesen Konflikt wie einen Schatz behütet, alles für sich behalten, das sei jetzt nicht mehr möglich. Sie habe diese Kraft nicht mehr und vor einigen Wochen habe sie sich umbringen wollen. Doch inzwischen sei sie bereit, ihr Leben zu verändern – auch um ihrer Tochter willen.

Während die weiteren Sitzungen als Paartherapie durchgeführt wurden, wurde mir mitgeteilt, dass die Tochter jetzt über ihre Befürchtungen, die Eltern könnten sich trennen, offen sprechen und dabei teilweise recht zornig werden würde. Zu den Angstsymptomen beim Einschlafen sei es seither nicht mehr gekommen. In der Paartherapie hatten die Erwachsenen Möglichkeiten, ihr Zusammenleben neu zu gestalten.

4.5. Tod des Ego – Wiedergeburt des Selbst

Mit der folgenden Beschreibung soll die Bedeutung krisenhafter Zustände für die Weiterentwicklung psychischer Systeme deutlich werden. Krisen stellen für mich den Leitfaden zur eigenen Selbstorganisation dar, eine Art Navigationssystem durch die Hohen und Tiefen des Lebens. Aber auch im beruflichen Bereich sind sie für mich zur Richtschnur geworden, um immer wieder zu überprüfen, ob der eingeschlagene Kurs der richtige ist und ob das angestrebte Ziel noch passt oder der Veränderung bedarf.

Zur Persönlichkeitsentwicklung gehört die Fähigkeit, sich auf seine Körpersignale, auf seine Gefühle und seine Vernunft zu verlassen und somit die Grundlage für Selbstvertrauen aufzubauen. In der Kindheit wird dieser Entwicklungsprozess durch die Kommunikation und Beziehungsgestaltung zu den Eltern und zum sozialen Umfeld vollzogen. Das Kind lernt durch die Kontaktqualität und Beziehungsdynamik sich selbst wahrzunehmen und auf sich selbst zu hören. Eltern und andere spiegeln das Kind ständig. Schon lange bevor es sprechen kann, drücken die Eltern verbal das aus, was sie vermuten oder was sie wissen darüber, wie es dem Kind geht, welche Wünsche es hat oder welche Absichten es verfolgt. So findet ein Prozess ständiger Ankopplung statt, aus dem das Kind Rückschlüsse über sich selbst ziehen kann.

Das Erlernen der Selbstwahrnehmung ist für das weitere Überleben äußerst wichtig, wird jedoch durch Sachzwänge, Konventionen und familiale und gesellschaftliche Normen und Regeln immer wieder in Frage gestellt.

In unserer Gesellschaft ist Leistung ein vorrangiges Lebensziel. Wir lernen bald, dass Gefühle zwar zu uns gehören, sie jedoch nicht das Maß der Dinge darstellen. Spätestens in der Pubertät werden die Anforderungen an eine „vernünftige" Lebensführung zum Prüfstein der Beziehungsqualität zwischen Jugendlichen und Erwachsenen. Während die Heranwachsenden alles Mögliche ausprobieren wollen, werden sie von den Eltern und anderen Bezugspersonen in ihre Schranken gewiesen oder mit Beziehungsverlust oder -abbruch bedacht.

Bereits in der Schule, aber spätestens beim Eintritt ins Berufsleben, wird die persönliche Funktionalität zum höchsten Wertmaßstab erhoben und ultimativ eingefordert. Dies wird vor allem daran erkennbar, dass die Steuerung von Lern- und Leistungsprozessen kaum ziel-, identitäts- und/oder wertebezogen realisiert, gefordert und gefördert wird. Vielmehr regieren hier normative Handlungsvorschriften. Während sich Verbundenheit an die familialen Vorgaben bis weit ins Erwachsenenalter hinein über Loyalitäten organisiert, wird die Zugehörigkeit im Beruf über Funktionalität eingefordert. Dies hat für viele zur Folge, dass sie sich selbst übersehen und andere und Äußeres wichtiger nehmen als sich selbst. Sachzwänge, Leistungsdruck, Existenzängste usw. können auf diese Weise wichtiger werden als das Selbstgefühl – körperlich wie emotional –, das Einzige, was einem vermutlich wirklich gehört.

Veränderungsprozesse, die durch eine Krise führen, bieten die nahezu einmalige Chance, wieder zu sich selbst zu kommen, sich wahrzunehmen und die zu Teufelskreisen mutierten Wirklichkeitskonstruktionen auf ihre Werthaltigkeit und Brauchbarkeit hin zu überprüfen: In welchem Verhältnis stehen die inzwischen unreflektierten, verselbstständigten Kommunikations-, Handlungs- und Beziehungsmuster zu dem, was eigentlich lebenswert ist?

Wir können davon ausgehen, dass die Selbstorganisation im Zeichen übermäßiger Funktionalität die Welt der Gefühle unterdrückt oder sie zu Fremdkörpern im eigenen Organismus werden lässt. Angst vor zu viel Emotionalität, Selbstbezug und Eigenliebe, vor zuviel Einzigartigkeit und Vielfalt gleichermaßen, reduziert lebende Systeme auf die Fähigkeit zu funktionieren. Krisen hingegen stellen in Frage. Sie überprüfen die Abläufe der Selbstorganisation auf ihre Relevanz für das Selbst, sie fragen nach Zielen, Bedeutungen und Visionen. Sie öffnen den Teufelskreis der hinfällig gewordenen Alltäglichkeit und laden ein zu Experimenten, um auf neuen Wegen Neues zu erfahren.

Sich selbst zum Mittelpunkt der Betrachtung zu machen, ist der Ausweg aus der Krise. Dazu gehört, sich selbst anzunehmen mit allem, mit allen Fähigkeiten, Eigenschaften, Defiziten und Gefühlslagen, also mit der ganzen Vielfalt des Menschseins. Hier kann eine weitere Phase im Kontinuum der Menschwerdung stattfinden. Statt der Gier, dem Neid, der Sucht, dem Hass, der Depression, der Eifersucht, der Dummheit, der Gleichgültigkeit, der Intoleranz, der Sturheit, der Faulheit, der Herrschsucht, der Gewalt, den Schuldgefühlen, der Unterwürfigkeit, der Angepasstheit, der Geilheit, der Kontrolle, dem Misstrauen, dem Ehrgeiz usw. den Vorrang zu geben und sich hierdurch in ständiger Manipulation und Abhängigkeit zu bewegen, gilt es, sich mit sich selbst zu versöhnen und sich selbst zu genügen. Hierdurch kann man mit anderen Personen in einen selbstbestimmten, unabhängigen Kontakt kommen und sich von fremden oder antiquierten Regeln und Vorschriften endgültig befreien. Dann ist der Weg frei für die Wiedergeburt des Selbst und damit für die bislang oftmals unterdrückten Gefühle: Trauer und Freude, Vertrauen und Schmerz, Lebendigkeit und Tiefe, Empfindsamkeit und Mitgefühl, Verletztheit und Friede, Verzeihen und Loslassen, Geben und Nehmen, Energiefluss und Kraft, Selbstvertrauen und Anvertrauen, Zustimmung und Neinsagen, Großzügigkeit und Redlichkeit, Ruhe und Gelassenheit, Liebe und Andacht, Sinn und Zweifel, Humor und Leichtigkeit, Verbundenheit und Alleinsein, Sehnsucht und Angst, Weichheit und Zartgefühl, Stärke und Eindeutigkeit usw.

Die Krise hat ihren Sinn erfüllt, wenn sie dazu beigetragen hat, die Organisation der Selbstorganisation zu überprüfen, und wenn sie Möglichkeiten für die Schaffung einer Neuorientierung auf der Basis eines neuen, passenden, zieldienlichen Selbstbezugs entwickeln konnte. Die Krise ist beendet, wenn das Selbst gestärkt aus ihr herausgeht, wenn es sich durch sich selbst und aus sich selbst heraus, autopoietisch, neu geschaffen hat.

Übung 14: Lebenspanorama

ÜBUNG

Liebe Leserin, lieber Leser, jetzt möchte ich Sie wieder zu einer persönlichen Erfahrung einladen, zu einer Übung, die ich gerne in der therapeutischen Arbeit einsetze. Sie brauchen hierzu ein großes Blatt Papier und einige Farbstifte. Angenehme Musik (am besten instrumentale Musik ohne Text) im Hintergrund kann für diese Aufgabenstellung gut passen. Sorgen Sie dafür, dass Sie für einige Zeit ungestört sind und das Telefon am besten ganz abge-

stellt ist. Nehmen Sie sich für die Übung 20 bis 30 Minuten Zeit.
Und während Sie sich nun in eine angenehme Position begeben, können Sie bereits schon jetzt für eine kleine Weile Ihre Augen schließen, um sich den inneren Bildern zu widmen, die meistens dann auftauchen, als Sie sich darauf einlassen, Ihr Lebenskontinuum als Film anzusehen. Starten Sie gleich heute, mit dem aktuellen Tag, und nennen Sie das heutige Datum laut in den Raum und spüren Sie, wie von da an die Sekunden verrinnen, wie die Zeit weiter nach vorne geht, um jetzt die Aufmerksamkeit auf die wichtigsten Ereignisse aller Art in Ihrer Lebensgeschichte zu richten und weiter nach hinten zu schauen, Jahr um Jahr um Jahr zurück, und das, was einmal war, wiederzuentdecken, die wichtigsten Momente aufzunehmen, die Sie bei der Betrachtung Ihres ganzen Lebenspanoramas wahrnehmen können, weiter zurück und weiter zurück, bis Sie den Eindruck gewinnen, Sie erreichen Ihren Anfang, den Beginn des Lebens, verbunden mit der Idee, hier eine Zeit zu verweilen und diesen wichtigen Moment in sich aufzunehmen.
Nehmen Sie jetzt alles in sich auf, was Sie entdeckt haben, die wichtigen Ereignisse, angenehme wie unangenehme, Höhepunkte wie Krisen gleichermaßen, ebenso gleichförmige Zustände. Alles was Sie in diesem Moment erinnern, nehmen Sie mit in Ihren aktiven Wachzustand, wenn Sie die Augen wieder öffnen und auch mit Ihrer Atmung wieder ganz zurück sind in Ihrer vertrauten Umgebung.
Wählen Sie jetzt einen Farbstift aus und lassen Sie auf dem Blatt vor Ihnen eine Farblinie entstehen, die Ihrer Vorstellung vom Verlauf Ihres Lebens entspricht. Zeichnen Sie Ihr Lebenspanorama!
Seien Sie dazu eingeladen, Ihren Lebensweg vom Anfang an bis heute und über den heutigen Tag hinaus soweit in die Zukunft zu zeichnen wie Sie mögen, um Ihr gesamtes Lebenspanorama in den Blick zu bekommen. Bringen Sie es nun aufs Papier.
Nachdem Sie Ihre Lebenslinie ganz gezeichnet haben, können Sie das Bild ausmalen, so wie es Ihnen gefällt. Dabei sollte die Lebenslinie weiterhin deutlich sichtbar bleiben.
Bitte richten Sie danach Ihre Aufmerksamkeit auf die fünf wichtigsten Höhepunkte Ihres Lebens, also auf die grandiosen Momente, die Sternstunden sozusagen, und markieren Sie diese zeitlich passend auf der Lebenslinie. Geben Sie jedem Höhepunkt einen Namen.
Erinnern Sie sich jetzt an die fünf wichtigsten Krisen in Ihrem Leben und markieren Sie diese ebenfalls im Lebenspanorama. Geben Sie jeder Krise

ebenfalls einen Namen. Dann betrachten Sie das bisher Erarbeitete: Was fällt Ihnen auf? Wie wirkt das Bild auf Sie?
Manchmal kommt es vor, dass Krisen und Höhepunkte im gleichen Ereignis stattfinden. Manchmal besteht ein Zusammenhang zwischen den beiden Ereignisqualitäten, z. B. folgt eine Krise unmittelbar einem Glücksmoment usw.
Bitte überdenken Sie jetzt einen Moment die fünf markierten Krisen und gehen der Frage nach, wie Sie diese gemeistert haben: Wie haben Sie es geschafft, die Krisen zu nutzen und etwas Neues oder Gutes entstehen zu lassen? Erkennen Sie eine typische Bewältigungsstrategie? Oder mehrere verschiedene? Schreiben Sie ebenfalls in das Bild, welche Kompetenzen Sie genutzt haben, um die notwendigen Veränderungen zu realisieren. Hiermit erarbeiten Sie sich Ihr Krisenkompetenzprofil.
Schließlich bitte ich Sie, der Frage nachzugehen, wozu es sich gelohnt hat, die Kraft aufzubringen und die Krisen des Lebens zu bewältigen. Nehmen Sie ein Wort oder einen kurzen Satz und schreiben Sie diesen ebenfalls in Ihr Bild. Hiermit geben Sie den größten Herausforderungen und Schwierigkeiten Ihres Lebens einen Sinn und sind dabei, diese Erfahrungen zu integrieren, zu einem Bestandteil Ihrer selbst werden zu lassen, ihnen zuzustimmen. Die Zielsetzung dieses Vorgehens besteht darin, zu erkennen, dass beides zum Lebens dazu gehört, das Schöne wie das Schwierige, und dass man beidem zustimmen kann.
Wenn Sie möchten, können Sie jetzt innerlich noch weiter zurück gehen bis zu Ihrem Anfang und bis zum Zeitpunkt Ihrer Geburt. Schreiben Sie an die Stelle, wo Sie mit der Lebenslinie begonnen haben: „Das ist mein Anfang" und spüren einen Moment nach, was es bedeutet: „Das ist mein Anfang".
In der psychotherapeutischen Arbeit frage ich die Klienten an der Stelle gerne, wozu es sich wohl gelohnt hat, geboren worden zu sein. Ich lade sie dazu ein, „dem Ganzen" einen Sinn zu verleihen und diesen zu benennen.
Auch der Bereich Zukunft ist sehr wichtig, denn das Vergangene hat stattgefunden, um die Zukunft zu gestalten. Denken Sie jetzt einen Moment darüber nach: Was ist Ihr Zukunftsziel, was wollen Sie erreichen, erleben und was ist Ihnen wichtig oder besser: was ist Ihnen das Wichtigste? Bitte auch hierfür ein Wort oder einen kurzen Satz finden und diesen ins Bild schreiben. Nun haben Sie das gesamte Kontinuum Ihres Lebens ins Blickfeld bekommen und vielleicht verhilft es Ihnen dazu, Ihre vielfältigen Ressourcen, Kompetenzen und Potenziale zu sehen und wertzuschätzen.

4.6. Wenn die Lösung zum Problem wird

Nicht jede Lösung ist eine wirkliche Verbesserung für das Klientensystem. Nach dem systemisch-integrativen Ansatz kann eine Lösung nur durch den Klienten selbst entwickelt werden. Therapeuten tragen durch die Qualität ihres Beziehungsangebots, das durch Vertrauen und Wertschätzung gekennzeichnet ist, und durch ihre methodischen Angebote und Interventionsvorschläge dazu bei, den Teufelskreis der Problemkonstruktion durch Einladungen zu einem Perspektivewechsel (manchmal zuerst nur probeweise) zu unterbrechen und aus dieser Erfahrung Rückschlüsse für eine annehmbare und nachhaltige wirksame Verbesserung, Weiterentwicklung oder Veränderung zu ermöglichen.

Lösungen, die sich nicht aus der autonomen Qualität der Selbstorganisationsprozesse ergeben, sondern rezeptartigen oder expertenartigen Vorschlägen oder gar Vorschriften entspringen, halte ich aus ethischen Gründen für unqualifiziert, selbst dann, wenn es Klienten gibt, die dies erwarten oder einfordern. „Sag mir, was für mich richtig ist" mag zwar unter Umständen ein verlockendes Angebot sein, dem jedoch mit Abstinenz zu begegnen ist. Ich bin dagegen, dass Klienten abhängig gemacht werden oder sich abhängig machen von der Weltsicht des Therapeuten- und Beratersystems. Wir haben immer die Chance, Klienten dazu einzuladen, gemeinsam mit ihnen einen Lösungsweg zu finden und zu erfinden, der für sie einmalig passgenau, integrativ und nachhaltig wirksam ist. Psychotherapie ist nun einmal kein Serienprodukt, sondern ein Prozess zur Entfaltung innerer Potenziale und Kompetenzen, die im Einklang stehen müssen mit der Struktur der Klientenpersönlichkeit. Dabei ist darauf zu achten, dass es keine Überbetonung der Veränderung gibt, ohne das Bisherige zu würdigen. Balance und Ausgleich sind hierfür ebenso eine gute Konzeptgrundlage wie die immer bestehende Veränderungsmöglichkeit, dem Bisherigen zuzustimmen und es somit zu einem integrierten Bestandteil des eigenen Lebens zu machen.

5. Systemisch-integrative Interventionen

Therapeutinnen und Therapeuten stehen vor der Herausforderung, täglich mit immer wieder unterschiedlichen Klientensystemen erfolgreich zu arbeiten. Hierzu braucht es eine fundierte Professionalität. Im Mittelpunkt steht hierbei die Fähigkeit, die eigene Selbstorganisation angemessen zu steuern. Es ist eine hohe Kunst, sich in professioneller Weise immer wieder anders und immer wieder neu an die Gegebenheiten der Klienten und Kunden anzukoppeln. Grundlage der komplexen Arbeit als Psychotherapeut, Berater und Coach ist ein persönliches Konzept: das Selbstkonzept im Sinne eines Leitbildes für das eigene Denken und Handeln. Hierin ist der eigene Wert für die Arbeit definiert, Kompetenzen, spezielle Fähigkeiten, Expertisen, Potenziale und Vorlieben werden benannt und Engpässe reflektiert.

Ich werde im Folgenden die wichtigsten Kompetenzfelder für eine anforderungsgerechte psychotherapeutische Arbeit beschreiben. Hierzu zähle ich die Fähigkeit zur Selbstorganisation, kommunikative und sozial-emotionale Kompetenzen, sowie kreativ-handwerkliches Können.

5.1. Selbstorganisierende Kompetenzen des Therapeuten als Basis systemisch-integrativer Interventionen

Aufmerksamkeit und Präsenz des Therapeuten halte ich für einen der bedeutungsvollsten Faktoren der psychotherapeutischen Arbeit überhaupt. Hiermit wird eine wertschätzende und achtungsvolle Haltung gegenüber dem Klientensystem und seinem Anliegen zum Ausdruck gebracht. Ein aufmerksamer Therapeut ist achtsam und kann sowohl im Mikro- als auch im Makroprozessbereich agieren. Auf der Mikroprozessebene nimmt er Signale wahr wie z. B. die Veränderung des Atemrhythmus oder der Blickrichtung, der Gestik und Mimik oder des Muskeltonus. Er hört die veränderte Stimmlage, bemerkt die andere Wortwahl, er erkennt den Wandel der Befindlichkeit, ist sensibilisiert für die Intentionen der Klienten und arbeitet hochgradig motiviert am Zustandekommen eines für das Klientensystem wünschenswerten Ergebnisses.

Der aufmerksame Therapeut beachtet die verbalen Aussagen des Klienten ebenso wie die nonverbalen Signale, versucht nicht, sich mit seiner Sichtweise durchzusetzen, sondern engagiert sich für die Belange der Klienten. Er gebraucht seine Werkzeuge nicht aus Aktionslust oder Methodenverliebtheit, sondern bietet seine Interventionen passgenau und dosiert an – von konfrontativ bis feinfühlig und immer klientenzentriert. Durch das hohe Maß an gerichteter Aufmerksamkeit wird es möglich, aus der Vielfalt an Interventionsmöglichkeiten (Makroprozessebene) das Wirkungsvolle und Nützliche anzubieten, das den Entwicklungsprozess des Klientels zieldienlich unterstützt und fördert.

Die Angebotshaltung des Therapeuten orientiert sich an der Prämisse der individuell unterschiedlichen Wirklichkeitskonstruktionen. Die therapeutische Absicht, neue Wirklichkeiten im Einklang mit dem Klientensystem zu entwickeln oder neu zu erfinden, macht Flexibilität unentbehrlich. Diese bringt Entwicklungsprozesse ins Fließen. Anstatt eine vorgedachte Lösung zu verfolgen, wird ein gemeinsamer Such-Finde-Prozess eingeleitet. Durch die grundlegende Haltung der Flexibilität werden Möglichkeiten möglich und das bislang Unmögliche kann zur neuen Option werden. Prozesshaftes Arbeiten in der Therapie ist undenkbar ohne die Bereitschaft, sich als Therapeut immer wieder neu zu orientieren und sich jeweils auf die nächste Verlaufsvariante einzustellen. Auf dieser Basis erhält auch das für den systemisch-integrativen Wandlungsprozess wichtige Querdenken (z. B. Umdeutungen, Problemutilisierungen, Zirkularität usw.) eine grundlegende Praxisrelevanz.

Transparenz macht die Absichten des Therapeuten sichtbar. Transparenz schafft Vertrauen in die therapeutische Arbeit. Man muss nichts verbergen. Die Klienten werden stattdessen gut vorbereitet auf den nächsten Schritt, die nächste Übung und die damit verbundenen Zielsetzungen. Ein Aspekt von Transparenz ist die Selbstthematisierung der Therapeutenperson. Wenn z. B. ein Therapeut ähnliche Lebenserfahrungen gemacht hat, wie die Klienten sie jetzt durchlaufen, und dies mitteilt, dann dient das der Entpathologisierung und der Normalisierung. Das Problem bleibt „auf dem Teppich" und es erscheint lösbar.

Auch Plausibilität ist wichtig für eine vertrauensvolle Beziehungsgestaltung zum Klientensystem. So können Türen geöffnet werden, wenn die Klienten erfahren, wozu wir z. B. bestimmte Fragen stellen bzw. auf eine bestimmte Weise stellen oder wozu wir Angebote machen, etwas Neues ausprobieren oder eine bestimmte Lösungsstrategie verfolgen. Hierdurch werden Kooperation und Abstimmung möglich. Es wird deutlich, wie sehr systemisch-integratives Arbeiten mit Ideenvielfalt und Kreativität einhergeht. Es gibt auf diesem Gebiet keinerlei Begrenzungen, sofern sie nicht in uns selbst liegen. Es gibt keine Vorschriften über den „richtigen" Einsatz der „richtigen" Methoden. Das passende Interventions-Instrumentarium ergibt sich aus dem Zusammenspiel der Selbstorganisation des Klientensystems und jener des Therapeutensystems. Hieraus erwächst unsere Therapieform als Experimentierfeld und gewinnt an Qualität. Durch das Zusammenwirken aller Beteiligten wird der Prozess spielerisch und erhält – bei aller Not, Tragik, Schwere und Seelenverwundung – auch eine Prise Leichtigkeit.

Diese Leichtigkeit geht einher mit Humor. In den Therapiestunden darf gelacht werden! Und natürlich auch geweint und geflucht usw. Es obliegt der Feinfühligkeit des Therapeuten, das passende Maß an Humor einzubringen – nicht um Oberflächlichkeit zu erreichen, sondern um besonders die starren Mechanismen der zielverhindernden Selbstorganisation aufzuweichen oder ad absurdum zu führen. Humor und Lachen dienen auch der Ausbalancierung von Schwere durch Leichtigkeit, von Traurigkeit durch Fröhlichkeit, von Tiefgang durch Heiterkeit. Und sie sind immer ein Zeichen von freudiger Lebensenergie. Hierdurch zeigen sich Optimismus und Zuversicht – weitere Merkmale selbstorganisierender Kompetenz bei heilkundlichen Profis.

Zuversicht ist eine gute Motivation, um Veränderungen anzugehen und sich für ihr Gelingen einzusetzen. Zuversicht meint aber nicht das Umschiffen von Problemen, sondern bezieht die problematische Ausgangslage mit ein und schafft eine Balance, indem es dem Bisherigen wie dem Neuen gleichermaßen eine positive Bedeutung zuschreibt. In der Umdeutung wird dies deutlich: Gut, dass es dieses Problem einmal gegeben hat. Denn hierdurch wurde es möglich oder notwendig, sich um einen besseren Zustand zu kümmern, im Leben etwas günstiger oder nützlicher zu gestalten, eine Herausforderung zu meistern, etwas Neues zu lernen und zu erfahren, was es sonst nicht gegeben hätte, und daran zu wachsen. Hätte es dieses Problem nicht gegeben, man hätte es geradezu erfinden müssen, um sich hieran zu prüfen.

Das bis hierher dargestellte therapeutische Engagement erfordert eine gehörige Portion Mut und Risikobereitschaft aufseiten des Therapeuten. Er begibt sich auf einen Drahtseilakt ohne rettendes Netz, welches er auch nicht wirklich benötigt, wenn er die Fähigkeit des Balancierens immer wieder einsetzt und gleichzeitig beweglich bleibt. Das Selbstvertrauen in die eigenen Handlungskompetenzen bietet die erforderliche Plattform hierfür. Klienten nach Neuland zu begleiten, mit Ihnen also Lösungen 2. Ordnung zu erarbeiten, erfordert die Bereitschaft, auch ungewöhnliche Interventionen zu riskieren. Besonders regelverändernde, transformative Arbeit führt in die Welt neuer Möglichkeiten, neuer Sichtweisen über sich selbst, also in Bereiche neuer Selbsterkenntnis – und dieser Weg erfordert Mut.

Beispielsweise benötigt der Therapeut für die Inszenierung eines Problemmusters immer wieder ein starkes Gefühl von Mut und Selbstsicherheit, damit die Inszenierung gelingen kann: Ein Familienvater und Partner, der schon von klein auf gelernt hat, alles unter Kontrolle zu halten, wird von uns dargestellt als einer, der immer alle Fäden in der Hand hat. Dies lässt sich gut szenisch darstellen (z. B. mit Hilfe von Seilen). Durch diese Inszenierung wird bewirkt, dass der Mann sich seines eigenen Handelns bewusst wird. So kann er überprüfen, ob er seine gewohnte Selbststeuerung beibehalten oder sich stattdessen lieber in eine neue Richtung verändern möchte.

Die Inszenierung kann zu einer Auflösung des bisherigen Musters führen. Kommt es dazu, dann wird es beim Klienten für einen Moment so etwas wie eine therapeutisch induzierte Krise geben. Das ist der Moment, der unseren Mut erfordert und unsere ganze Präsenz. In dieser Phase der Gratwanderung zwischen Altbekannt-Vertrautem und dem unbekannten Neuen (den neuen Möglichkeiten) begleiten wir den Klienten dicht und zugleich absichtslos. Manchmal kommen hier auch körperliche Interventionen zum Einsatz: Wir können Halt geben, Kontakt herstellen und Sicherheit stiftende und Ressourcen fördernde Arbeitsweisen einbringen. Dieser transformative Prozess ist wie ein Eingriff in die bisherigen (oftmals unbewussten) Abläufe der Selbstorganisation. Diese erlebbar zu machen und zu Veränderungen beizutragen, erfordert die ganze Palette an selbstorganisierenden Kompetenzen des Psychotherapeuten.

Oft werde ich gefragt, ob ich in meiner Arbeit immer neutral sein könne. Schließlich gibt es verschiedene Therapieansätze, die diese Vorgabe machen. Auch in der systemischen Therapie der achtziger Jahre (Mailänder Schule) wurde das Postulat der Neutralität erhoben. Ich möchte in Frage stellen, erstens, ob Neutralität überhaupt erstrebenswert und zweitens, ob sie realisierbar ist.

Und welche Haltung ist überhaupt realisierbar? Ich habe mich dafür entschieden, meine Haltung mit „Allparteilichkeit“ zu bezeichnen. Gerade durch die bereits erwähnte Flexibilität ist es möglich, an ganz unterschiedliche Wirklichkeitskonstruktionen anzukoppeln. Natürlich haben Kinder andere Sichtweisen als Jugendliche oder Erwachsene, Frauen andere als Männer usw. Allparteilichkeit meint hier, für Momente der therapeutischen Arbeit die Sichtweise des jeweiligen Klienten zu übernehmen, ohne diese zur eigenen zu machen, also Partei zu ergreifen für diese spezifische Realitätssicht, um danach an eine andere anzukoppeln und so fort.

Besonders in der Arbeit mit Mehrpersonensystemen hat diese Haltung eine besondere Wirkung: Die Beteiligten erleben, dass und wie es möglich ist, unterschiedlichen Sichtweisen jeweils mit Aufmerksamkeit, Achtung und Wertschätzung zu begegnen. Dies schafft mittelfristig im System ein neues Kommunikations- und Beziehungsklima, ohne dass daran explizit gearbeitet werden muss. Der konstruktive Umgang mit Unterschiedlichkeiten wird für alle erlebbar, nachvollziehbar und, falls erwünscht, erlernbar. Durch die wechselnde Parteilichkeit des Therapeuten wird Vielfalt möglich – eine Grundvoraussetzung, um auszuwählen und damit Selbststeuerung aktiv zu betreiben.

Allparteilichkeit ist dennoch inhaltlich abstinent. Als unumstößlich proklamierte Prinzipien oder Ordnungslehren, Warnungen an die Klienten oder Beschuldigungen sind diesem Ansatz fremd. Jeder Klient hat ein Recht darauf, seinen eigenen Lebensstil zu pflegen und den eigenen Lebensplan zu entwerfen, ohne dass Therapeuten oder andere Helfersysteme sich als Richter oder Besserwisser aufspielen dürfen. Das therapeutische Engagement bedient die Zielsetzung des Kundenauftrags, ohne das Wertesystem des Klienten in Frage zu stellen. Therapeutisches Arbeiten nach diesem Verständnis zeichnet sich somit auch durch Moralabstinenz aus. Begrenzungen im Engagement ergeben sich vielmehr aus eventuell berechtigten ethischen Bedenken seitens des Therapeuten und durch die Vorgaben der Strafgesetzgebung.

Abstinenz bei den Inhalten macht frei für die Arbeit an solchen Prozessen, die zielhindernde Steuerungselemente freisetzen oder transformieren können. Genau diese Ebene bildet das Zentrum therapeutischer Wirkbereiche.

Psychohygiene zu betreiben ist ein weiterer wichtiger Aspekt der selbstorganisierenden Kompetenz. Sie schließt die Achtsamkeit für sich selbst ein und macht die Arbeit erst nachhaltig erfolgreich. Zur Psychohygiene gehören der Umgang mit Zeit (z. B. pünktliches Beginnen und Beenden der Sitzungen, um nicht durch Verzögerungen unter Druck zu geraten) ebenso wie die Wahrung von Grenzen (z. B. emotionale Distanz und Nähe), Klarheit in Bezug auf Verantwortung (vor allem den Klienten gegenüber), Vermeidung von Stress (Kultivierung von Pausen, körperlichem Ausgleich zum vielen Sitzen, regelmäßiger Austausch mit Kollegen über das Erlebte, Fehlerfreundlichkeit statt Perfektionismus usw.), Beachtung von Stresssymptomen, Ausgleich schaffen zu psychologischen Themen und therapeutischen Kontexten und schließlich Supervision als tätigkeitsorientiertes Reflexions- und Lernfeld, um die eigenen therapeutischen Handlungsstrategien ständig zu verbessern.

Familienrekonstruktion als Selbsterfahrung für Psychotherapeuten

Familienrekonstruktion ist eine Methode zur Erforschung der eigenen Herkunftsfamilie. Hierbei wird besonders die Verknüpfung und Verbindung der Familiengeschichte mit gesellschaftlichen und sozialen Ereignissen deutlich, also das Eingebundensein in einen größeren Kontext des Zeitgeschehens. Zusätzlich zur Erkundung der geschichtlichen Gewordenheit der eigenen Existenz wird das Zusammenspiel der Kräfte im Familienverbund betrachtet: Wie ist das Zusammenspiel inszeniert? Was hat einen hohen Wert? Was muss befolgt werden? Was darf nicht sein? Was ist tabu oder Geheimnis? Wie ist der Umgang mit Emotionalität und Körperlichkeit geregelt? Und insgesamt: Welche Art von Beziehungsdynamiken einerseits und welche Steuerungselemente der Selbstorganisation andererseits haben sich lebensgeschichtlich entwickelt und sind vertraut?

Familienrekonstruktion ist eine methodenübergreifende, sehr informativ-erhellende und emotional-feinfühlige, warme Arbeitsform. Eine Vielfalt von Methoden und Techniken ermöglicht einen therapeutisch induzierten Prozess des sich Wandelns hin zu einer oftmals neuen Realitätssicht, die es erlaubt, sich selbst so anzunehmen wie man ist, sich selbst zuzustimmen und, in manchen Fällen, sich selbst eine Daseinsberechtigung zu geben.

In unserem Weiterbildungszentrum führen wir im Rahmen der Weiterbildungsgänge „Systemisch-integrative Therapie mit Einzelpersonen, Paaren und Familien“ und „Systemisch-integrative und familienorientierte Kinder- und Jugendlichentherapie“ Selbsterfahrungsseminare durch, um mit Hilfe einer Familienrekonstruktion die angehenden Therapeutinnen und Therapeuten in ihren selbstorganisierenden Kompetenzen zu fördern (und zu fordern).

Solche Seminare werden zunächst individuell und danach in Kleingruppen vorbereitet. Jede Person erstellt ein Familiengenogramm über mindestens drei Generationen, schreibt eine Familienchronologie über die letzten 100 Jahre, beschäftigt sich mit wichtigen Familienereignissen, die mit dem jeweiligen Zeitgeschehen abgeglichen werden und schaut nach Fotos, Urkunden, Zeugnissen, Briefen oder Wappen und sonstigen wichtigen Erinnerungsstücken der Familie. Diese Sammlung wird in den Kleingruppen aufgearbeitet mit der Absicht, die Werte und Orientierungen, die subjektiven Regeln und Glaubenssätze, Strategien der Lebensbewältigung, Verstrickungsmuster usw. herauszuarbeiten. Auf Grundlage der erhaltenen Informationen kristallisiert sich für jede Person ein Thema heraus, das dann im Seminar bearbeitet werden kann.

Die TeilnehmerInnen werden durch dieses Seminar dazu angeregt, in Zusammenhängen wahrzunehmen und zu denken. Sie lernen die Auswirkungen gesellschaftlicher, familialer und persönlicher Ereignisse (auch Schicksalsschläge) neu einzuordnen und eventuelle Verbindungen zur aktuellen Lebenssituation oder Partnerschaft herzustellen. Hierdurch wird es möglich, Probleme, Symptome, Krisen und Krankheiten nicht nur isoliert zu betrachten, sondern im Kontext von Verknüpfungen wahrzunehmen und einzuordnen.

Durch ihre eigene Familienrekonstruktion lernen die TeilnehmerInnen exemplarisch, wie familiendynamische, beziehungsdynamische und selbstorganisierende Prozesse erkannt und bearbeitet werden können. Sie erfahren, wie es wirkt, fehlende oder unbekannte Aspekte der Familiengeschichte zu erhellen bzw. zu ersetzen. Sie erleben den emotionalen Wandel, wenn emotionale Verstrickungen gelöst werden und sich zu neuen Beziehungsqualitäten entwickeln können. Verletzte Bereiche der eigenen Person werden wahrgenommen und die dabei aufkommenden Gefühle dürfen sein. Sie finden Zustimmung und Berechtigung und können vielleicht erstmals als wesentlicher Bestandteil der Person angenommen, also integriert werden. Unerfüllte Bedürfnisse können ebenso wahrgenommen und angenommen werden, und auch die Gefühle hierüber erfahren Anerkennung und Wertschätzung.

Insgesamt können die TeilnehmerInnen lernen, wie es durch vielfältige therapeutische Methoden und Techniken im Rahmen der Familienrekonstruktion möglich ist, den eigenen Selbstwert und das eigene Selbstgefühl zu entwickeln und zu stärken.

Somit ist die Teilnahme an einem solchen Seminar gleichzeitig auch ein Lernprozess über Wege und Möglichkeiten, die Selbstorganisation selbstständig und eigenmotiviert zu realisieren, um sich besonders den immer wieder neuen Herausforderungen der therapeutischen Arbeit gewachsen zu sehen und hieran selbst zu wachsen.

5.2. Kommunikative Kompetenzen und Interventionen

Systemisch-integrativ zu arbeiten heißt immer, kommunikativ zu arbeiten. Die Möglichkeiten kommunikativ zu arbeiten, scheinen nahezu unerschöpflich. Die unten beschriebenen Methoden sind deshalb als Aspekte von Möglichkeiten zu verstehen.

Kommunikative Kompetenzen bilden in der systemisch-integrativen Therapie ein wichtiges Strukturierungselement. Therapeuten haben es in der Hand, den Verlauf der Therapie (um die Metapher Flusslauf zu benutzen) zu stauen, einen Wasserfall zu bilden, Stromschnellen zu durchqueren, durch ein weites Flussbett für ein ruhiges, gleichmäßiges Fließen zu sorgen oder das Wasser versickern zu lassen (die potenziellen Möglichkeiten werden nicht genutzt) etc.

Sprache hat in unserer Arbeit einen sehr hohen Stellenwert. Allerdings unterscheidet sich die therapeutische Sprache deutlich von der Alltagssprache. Ein wichtiges Unterscheidungsmerkmal ist die fragende Sprache, die vage Sprache und die Sprache in Präsuppositionen, also eine Sprache der wünschenswerten Vorannahmen.

Präsuppositionen sind sehr wirkungsvolle Sprachmuster (vgl. Milton Erickson, Virginia Satir u. a.), mit denen ein Therapeut Feststellungen aussprechen kann, die er nicht in Frage gestellt sehen möchte. Hierzu zwei klassische Beispiele: „*Herr M., bevor wir zum Eigentlichen kommen, möchte ich Sie fragen, was Sie durch diese Therapiestunde für sich verbessern wollen.*“ Hierbei wird unumstößlich angenommen, dass es dem Klienten um eine Verbesserung geht. Die Frage ist nur noch, welche es sein soll. „*Frau W., wenn wir nach einiger Zeit dieses Gespräch beenden, was hat sich bis dahin für Sie geklärt/verändert/verbessert/gelöst/weiterentwickelt/erledigt/konkretisiert usw.?*“ Auch hierbei wird unterstellt, dass das Therapieende einen feststellbaren und wünschenswerten Unterschied zum aktuellen Ist-Zustand darstellen wird.

In solchen Aussagen werden Zustände, Ereignisse und Gegebenheiten so formuliert, dass ihr Zustandekommen nicht bezweifelt, sondern als geradezu selbstverständlich angenommen wird. Durch eine Therapiestunde sollen Lösungen oder Verbesserungen erreicht werden. Es wird aber inhaltlich völlig offen gelassen, welche Lösungen und/oder Verbesserungen angestrebt werden. Durch vage Formulierungen wird der Klient indirekt aufgefordert, die für ihn passenden Inhalte zu finden und zu benennen. Hierdurch wird der Therapieverlauf ziel- und ergebnisorientiert strukturiert.

Fragestellungen dienen dazu, dem Therapieprozess die wünschenswerte Richtung zu geben. Wir unterscheiden

- unterschiedsbildende Fragen (z. B. zur „Problemverflüssigung"; Beispiel: „Wer von Ihnen ist Ihrer Meinung nach am meisten von der beschriebenen Problemsituation betroffen?" oder „Wer von Ihnen würde wohl als erster eine Veränderung bemerken?"),
- hypothetische Fragen (eröffnen neue Optionen; Beispiel: „Mal angenommen es wäre möglich, dem beschriebenen Problem irgendeine Art von Sinn oder Nützlichkeit zu unterstellen, welchen Nutzen könnte es wohl haben?") und
- zirkuläre Fragen (Fokussierung auf Beziehungsprozesse; Beispiel: „Frau M., Sie haben gehört, was Ihr Sohn gesagt hat. Was meinen Sie, wie Ihr Mann diese Sichtweise einschätzt?" oder: „Herr A., angenommen es wäre möglich, die beschriebene Krise als eine Chance für die erhoffte Verbesserung Ihrer Lage anzusehen, wie würde sich das auf Ihre Arbeitssituation/Ihre Partnerschaft/Ihre Kinder usw. auswirken?").

Auch die Kombination dieser verschiedenen Fragevarianten bietet eine hervorragende Möglichkeit, durch den Therapieprozess zu führen. Jede Frage und jede Aussage lädt ein, innere Bilder zu erzeugen. Die Aufgabe besteht darin, zusätzlich zur bisherigen Betrachtungsweise, neue, zieldienliche Sichtweisen zu generieren. Die Kraft neuer innerer Vorstellungen sorgt für eine gefühlte Veränderung. Durch die therapeutische Sprache kann es uns gelingen, solche inneren wie äußeren Bilder und Vorstellungen zu schaffen, die zu einer besseren emotionalen und strukturellen Lage des Klientensystems beitragen.

Für eine erfolgreiche Arbeit als Therapeut ist die Fähigkeit des Ankoppelns an die Wirklichkeitskonstruktion anderer Systeme oder Systemteile (z. B. erwachsene Klienten, Kinder oder jugendliche Familienangehörige) unabdingbar. Im Ankoppeln wird die Achtung und Wertschätzung für das andere System zum Ausdruck gebracht, die für eine vertrauensvolle Zusammenarbeit als grundlegend angesehen wird. Der Therapeut schafft dadurch ein Klima des Vertrauens, des Angenommenseins, der Verständigung und des Mitfühlens: Wir zeigen Interesse und bieten uns als Gesprächs- und Begegnungspartner an, um hierdurch Verbesserungen z. B. im Familienleben zu erreichen – eine wichtige Grundlage für den weiteren Therapieprozess.

Mittel des Ankoppelns ist das aktive Zuhören, das durch die Abstimmung auf zeitliche und räumliche Gegebenheiten ergänzt wird: Wir stimmen uns ein auf Tempo, Rhythmus, Nähe, Distanz, Intonation, Energiezustand usw.

Beim Ankoppeln wird die bestehende und veräußerte Einstellung und Sichtweise des Klientensystems zum Maß der Dinge erkoren: Dies ist die Wirklichkeit, um die in Zukunft verhandelt wird. An diese anzukoppeln, ist der erste Schritt einer Entwicklung oder Veränderung hin zu einer annehmbaren Verbesserung oder integrierbaren Lösung, da hierdurch vielleicht zum ersten Mal der Betrachtungsweise und den Gefühlen des Klienten zugestimmt wird. Ankoppeln wird oft missverstanden als Technik zum Einstieg in ein Gespräch, die man nach kurzer Zeit wieder vernachlässigen kann. Meine Erfahrung ist eine andere: Die bedeutungsvollen Inhalte der Klienten, ihre subjektiven Sicht- und Erlebnisweisen, ihre Gefühle und Gedanken – all das gilt es zu spiegeln, zu wiederholen (reverbalisieren) und zu benennen. Denn hierdurch kann ihnen ihr eigenes Wirken bewusst werden. Sie können überprüfen, ob sie verstanden worden sind und können ggf. Korrekturen vornehmen. Sie fühlen sich vielleicht bestätigt und somit gut begleitet und werden sich früher oder später dem therapeutischen Prozess der Veränderung sowie auch der Therapeutenperson anvertrauen.

In der familientherapeutischen Arbeit ist es uns immer wichtig, mit allen Anwesenden Kontakt aufzubauen. Es ist selbstverständlich, die Kinder ebenso wie die Erwachsenen in das Gespräch mit einzubeziehen. Sogenannte störende Kinder sind meines Erachtens ein Zeichen für fehlgeschlagenes Ankoppeln. Häufig ist vorher zu viel, zu lange oder über die Köpfe der Kinder hinweg gesprochen worden. Sie verlieren dann irgendwann die Lust, da sie nicht ebenso im Fokus der Aufmerksamkeit sind wie die Erwachsenen.

Durch die positive Umdeutung (Reframing) kann das präsentierte Problem oder Symptom anders als bisher wahrgenommen werden: als Lösung bzw. Lösungsversuch. Das Problem kann beispielsweise betrachtet werden als ein Versuch, mit einer noch ungelösten Schwierigkeit, Thematik, einem Erlebnis oder Gefühlszustand zurechtzukommen. Genau diese guten Absichten und Motive werden positiv konnotiert bzw. umgedeutet. Auf diese Weise wird Therapie zur Verhandlungsbasis für Bedeutungszuschreibungen, die neue Wirklichkeiten ermöglichen.

Ein als übermäßige Angst erlebter Zustand wird gesehen als eine Fähigkeit, sich bestens abzusichern, sich zu schützen, eventuelle Risiken genau abzuwägen – allerdings zu dem Preis, sich zu wenig zuzutrauen, sich abzukapseln, zu isolieren etc. Der positive Aspekt der Absicherung wird somit als Reframing angeboten, um im späteren Verlauf der Therapie herauszuarbeiten, mit welchen alternativen Möglichkeiten es gelingen kann, sich selbst die notwendige Sicherheit zu gewähren, ohne dass es zu einer übermäßigen Angst kommen muss. Die Absicht des Problems wird integriert und zieldienlich modifiziert.

Mit Umdeutungen in dieser Form zu operieren, erfordert die Bereitschaft, der Potenzialprämisse zu folgen: Jeder Mensch hat in nahezu jeder Lage die Option, seine Fähigkeiten zu sehen und zu nutzen. Kompetenzorientierte Umdeutungen sind ein permanenter Bestandteil der therapeutischen Kommunikation. Sie können allerdings auch in Form eines ausgearbeiteten Kommentars dem Klientensystem derart präsentiert werden, dass nicht nur das Problem des Problemträgers, sondern jede Person in der Familie mit ihrer spezifischen Absicht und Motivation im Problemkontext sowie die Familie als Ganzes umgedeutet wird.

Hierbei wird jede Person nacheinander angesprochen und ihr wird mitgeteilt, auf welche Art und Weise und mit welcher Absicht sie sich an der bisherigen Lösung des sogenannten Problems beteiligt hat. So kann z. B. das kindliche Einnässen die Eltern von etwas Belastendem ablenken, die häufige Abwesenheit der älteren Tochter als großes Maß an Selbstständigkeit umgedeutet und als Absicht, die Eltern oder die Familie als Ganzes zu entlasten, beschrieben und angeboten werden. Die Strenge des Vaters kann gesehen werden als der Wunsch, dass dem Kind nicht dasselbe geschehen solle wie ihm selbst als Kind, er wolle es vielleicht davor bewahren und erreichen, dass aus ihm etwas Gutes werde, und die Mutter scheint mit ihrer Aufopferungsbereitschaft z. B. die Liebe für die Familie ausdrücken zu wollen, vielleicht etwas, was sie selbst als Kind zu wenig erfahren hat und jetzt auf diese Art und Weise den anderen geben möchte.

Diese positiven Bedeutungszuschreibungen werden auch für die Familie als Ganzes angeboten und damit wird auch das Zusammenspiel der einzelnen Mitglieder deutlich.

In solchen Kommentaren werden alternative, für den Verbesserungsprozess relevante Betrachtungsweisen aus der Therapeutenperspektive beschrieben. Das Kommentieren dient der Zusammenfassung des beobachteten Ablaufs und beinhaltet die für die Lösungsorientierung wichtige positive Bedeutungszuschreibung für das Bisherige.

Das Normalisieren durch den Therapeuten hat die Aufgabe, dem übermäßigen Dramatisieren entgegenzuwirken und ein gewisses Maß an Normalität in die Problembeschreibung oder Problemsicht des Klientensystems zu bringen.

Beispiel: Eine Mutter kam zu einem Klärungsgespräch, weil ihr 15-jähriger Sohn nicht mehr wiederzuerkennen sei. Ohne ersichtlichen Grund komme er erst nachts nach Hause, trinke Alkohol und schließe sein Zimmer ab. Sie sei fürchterlich beunruhigt und könne nachts nicht mehr schlafen. Eine normalisierende Antwort auf diese Beschreibung könnte z. B. sein: „*Das habe ich schon von vielen Eltern mit Kindern in diesem Alter gehört und bei meinem Sohn war es ebenso. Wir Erwachsenen sind immer wieder verblüfft über die seltsamen Jugendlichen mit ihren seltsamen Verhaltensweisen. Nur gut, dass sich das irgendwann wieder gibt.*"

Wenn etwas als normal empfunden wird, wirkt es entlastend: Man ist nicht der Einzige, dem so etwas passiert.

Die Bedeutung von Moderationskompetenz für die psychotherapeutische Arbeit wird im Allgemeinen völlig unterschätzt. Dabei bietet eine gute Moderation viele Vorteile für die professionelle Strukturierung und Gestaltung von therapeutischen Gesprächen, besonders dann, wenn mehrere Personen – Familien, Teams, Gruppen – anwesend sind. Moderation

- schafft Atmosphäre,
- hält Gespräche auch bei schwierigen oder belastenden Themen im Fluss,
- nutzt Pausen,
- kann mit der Zurückhaltung einzelner Gesprächsteilnehmer umgehen,
- nutzt Widerstände als Chance, den Gesprächsfaden neu zu weben,
- kann Vielredner elegant unterbrechen,
- erkennt Ablenkungen vom Thema, spricht diese freundlich an und lenkt zum Thema zurück,
- klärt Missverständnisse und trägt zur Konfliktlösung bei,
- geht angemessen mit kritischen Beiträgen um,
- präzisiert Verallgemeinerungen (falls erforderlich),

- erfragt und gibt Feedback (falls erforderlich),
- achtet auf die Zeitstruktur,
- fasst Ergebnisse zusammen, zieht Bilanz und
- führt das Gespräch zu einem guten Abschluss.

Zusätzlich zur Gesprächsführung können solche Moderationstechniken zum Einsatz gebracht werden, die den Verlauf des Gesprächs zielorientiert unterstützen: Brainstorming, Kartenabfrage, Mind-Map, Zielscheibe, Ergebnisse aufschreiben und vieles mehr.

Ein weiteres kommunikatives Instrument mit überzeugender Wirkung ist das Doppeln und Übersetzen: In einem interaktionalen Wechselspiel wird der Therapeut zum Übersetzer von Aussagen der einen Seite zum besseren Verständnis der anderen Seite und umgekehrt. Durch diese Interventionsform wird der gesamte Gesprächsverlauf verlangsamt und zugleich präzisiert. Es kommt hierbei auf jedes Wort an. Hierdurch wird eine integrative Struktur sowohl auf der personalen wie auf der interaktionalen Ebene erreicht. Doppeln und Übersetzen wende ich überwiegend in Paartherapien an, teilweise auch in der Arbeit mit Familien.

Praxisbeispiel 10: Doppeln und Übersetzen in der Paartherapie PRAXIS

Wenn Paare zur Therapie kommen, dann geht es häufig rund: Angestaute Energien, fehlendes Verständnis, gegenseitige Anschuldigungen und anschließende Rechtfertigungen, tiefe Verletzungen und verzweifelte Rachegedanken und -absichten sind häufig der Stoff, aus dem das Drehbuch Paartherapie besteht. Der Film „Der Rosenkrieg" dient als Anschauungsmaterial für alle zukünftigen PaartherapeutInnen. Für diejenigen, die, statt sich an dramaturgischen Showeffekten zu begeistern, mehr für kommunikative Finessen Interesse zeigen, sei der in Bestbesetzung gedrehte Film „Wer hat Angst vor Virginia Wolf" mit Elisabeth Taylor und Richard Burton (damals ein Paar im wirklichen Leben!) erwähnt – ein Muss!

Michaela und Jürgen, beide ca. 40 Jahre alt, tun sich schwer miteinander: Sie wirft ihm vor, keine Zeit für sie und die Familie zu haben, sich zu wenig um die beiden Kinder zu kümmern, ihr niemals zuzuhören und nur für die Arbeit zu leben. Er beschuldigt sie hingegen, von ihr als Mann abgelehnt zu werden, ständiger Kontrolle zu unterliegen und keine Wertschätzung für den Wohlstand, den er durch seine Arbeit für die Familie schaffe, zu bekommen.

Beide fühlen sich einsam und falsch verstanden, Streit ist zur Zeit die einzige Kontaktform.
In der Phase der Probleminszenierung werden genau diese Beschreibungen „nachgespielt“: Beide stehen sich im Raum gegenüber, so dass sie sich mit den Handflächen gut berühren können. Ich lade sie ein, sich den jeweils stärksten Vorwurf an die andere Person auszudenken, diesen zu sagen und sich gleichzeitig mit den Händen (Handfläche gegen Handfläche) wegzustoßen.
Durch diese Inszenierung, die oftmals nur wenige Augenblicke dauern kann, wird das Zusammenspiel für die beiden Akteure erlebbar, die Verletzungen, die man sich damit selbst (!) zufügt, werden spürbar. Mit der Verantwortung für die eigene Befindlichkeit, die man eine Zeit lang dem Partner überlassen hat (*„Er ist schuld!“*), kann man wieder neuen Kontakt aufnehmen (*„Ich übernehme die Verantwortung für mein Handeln selbst.“*) und hierdurch wieder in die Kraft kommen und den Selbstwert steigern.

Im nächsten Schritt wird es möglich, die eigenen, bislang unterdrückten Kerngefühle wahrzunehmen und auszudrücken – Gefühle, die man lange Zeit überspielt bzw. unterdrückt hat, um vermeintlich zu gewinnen oder zu retten, was zu retten ist. Jetzt kann eine neue Phase eingeleitet und auf der Ebene der Tiefenstruktur können neue Fundamente gelegt werden. Hierzu gehört ein offener Austausch, der von therapeutischer Seite gut strukturiert werden sollte. Die Arbeit mit aktivem Zuhören, positiver Umdeutung, Doppeln und Übersetzen bietet hierfür ein passendes Interventionsspektrum auf der kommunikativ-emotionalen Ebene.

Zunächst wird die eine Person, in diesem Fall der Mann, im Sinne einer kleinen, kurzen Einzelarbeit gefragt, ob es richtig ist, dass seine Frau und seine Familie für ihn etwas sehr Wertvolles sind, denn schließlich fühle er sich für deren Lebensstandard und das existenzielle Wohlbefinden verantwortlich. Er stimmt dem zu. Dann wird im nächsten Schritt eine integrierende Ausdrucksweise für diese eigene Sichtweise erarbeitet.
Früher hätte der Mann vielleicht vorwurfsvoll gesagt: *„Ich mache das alles nur für dich.“* Jetzt wird er darin unterstützt, sein wirkliches Gefühl zu benennen, z. B.: *„Jetzt spüre ich wieder gut, wie wertvoll und wichtig du mir bist. Jetzt kann ich dich wieder mit anderen Augen sehen. Ich bin gerne dein Mann.“*

Nachdem durch die „Übersetzungsintervention“ eine geeignete Formulierung gefunden wurde, wird diese nun vom Therapeuten – gedoppelt sozusagen – an die andere Person gesendet. Die Frau wird gefragt, was sie gehört hat und gebeten, das zu wiederholen. Dann wird die Übersetzungsintervention bei ihr durchgeführt, um zu einer persönlichen Aussage mit integrativem Charakter auf der Paarebene bei ihr zu gelangen, den der Therapeut dann an ihrer Stelle, also wieder gedoppelt, an den Mann gerichtet, ausspricht usw.
Hierdurch wird die Entwicklung einer integrativen Struktur auf der Paarebene eingeleitet, die die Individualität und Unterschiedlichkeit markiert und gleichzeitig die Selbstverantwortung für sich in der Partnerschaft stärkt. Hierdurch werden autonome Prozesse der Selbstorganisation reaktiviert oder neu aufgebaut, was zu völlig neuen oder anderen, irgendwie besseren Formen des Zusammenlebens oder auch zur bewusst gewollten Trennung führen kann.
Auch zu diesem Beispiel möchte ich wieder hervorheben, dass es sich um eine Möglichkeit des Intervenierens handelt, auch andere sind denkbar und machbar.

Paul Watzlawick hat in allen seinen Schriften immer wieder das Thema „Paradoxie“ aufgegriffen und für den psychotherapeutischen Einsatz perfekt beschrieben (z. B. Paul Watzlawick: Menschliche Kommunikation). Das Wesen paradoxer Interventionen besteht in der therapeutischen Doppelbindung als Spiegelbild einer pathologischen. Vorausgesetzt wird eine enge, vertraute Klient-Therapeut-Beziehung und die Aufforderung an den Klienten, sich durch Nichtändern zu ändern. Das Ganze ist verbunden mit der Unmöglichkeit – hervorgerufen durch die spezifische Art ihrer Beziehung –, diese Aufforderung in Frage zu stellen. Hierdurch werden Symptomverschreibungen möglich, die auf eine unmittelbare Änderung der bisherigen Spielregeln abzielen.

In der hypnosystemischen Therapierichtung werden solche paradoxen Symptomverschreibungen in hintergründigen Geschichten, Metaphern oder auch in Witzen oder anderen rechtshemisphärischen Sprachformen verabreicht. Hierzu ein Beispiel von Paul Watzlawick (Anleitung zum Unglücklichsein, 1983, S. 90 f.):

„Stellen Sie sich einfach vor, Sie werden in eine Familie hineingeboren, in der – aus welchen Gründen auch immer – Fröhlichkeit Pflicht ist. Genauer ausgedrückt, eine Familie, in der die Eltern dem Grundsatz huldigen, dass ein son-

niges Gemüt des Kindes der offensichtlichste Beweis elterlichen Erfolges ist. Und nun seien Sie einmal schlechter Laune oder übermüdet. Oder haben Sie Angst vor dem Turnunterricht, dem Zahnarzt oder der Dunkelheit. Oder keine Lust, Pfadfinder zu werden. So wie Ihre lieben Eltern das sehen, handelt es sich nicht einfach um eine vorübergehende Laune, Müdigkeit, die typische Angst eines Kindes oder dergleichen, sondern um eine wortlose, aber umso lautere Anklage der erzieherischen Unfähigkeit der Eltern. Und dagegen werden sie sich verteidigen, indem sie Ihnen aufzählen, was und wie viel sie für Sie getan haben, welche Opfer sie zu bringen hatten und wie wenig Grund und Recht Sie daher haben, nicht fröhlich zu sein."

Zum Schluss dieses Abschnitts möchte ich noch auf den nützlichen Gebrauch von Commitments hinweisen. Es geht hierbei darum, sich selbst und anderen ein Versprechen zu geben und damit eine Verpflichtung einzugehen, ein selbst gewähltes Vorhaben bis zu einem festgelegten Zeitpunkt aus eigenem Antrieb zu realisieren.

5.3. Kreative Interventionen, Rituale und Inszenierungen

In meiner Arbeit nach dem systemisch-integrativen Konzept nutze ich eine Vielzahl kreativer Interventionen, Rituale und Inszenierungen unterschiedlicher Art. Diese kommen zum Einsatz, um Prozesse in ihrer Komplexität auf das Wesentliche zu reduzieren: auf Muster und die mit ihnen verbundenen Glaubenssätze und Regeln. Werden die inneren Abläufe der Selbstorganisation einer Person oder eines Familiensystems durch solche lebendigen und anschaulichen Methoden im Raum in Szene gesetzt, dann hat dies eine starke Wirkung auf die Klienten sowohl als Akteur als auch als Beobachter. Die Abläufe werden erlebbar, erkennbar und durch sie selbst veränderbar.

Im Folgenden werde ich verschiedene Interventionsstrategien jeweils kurz beschreiben.

Als erstes möchte ich eine wenig bekannte Vorgehensweise aus der integrativen Familientherapie vorstellen, die ich vor vielen Jahren bei Martin Kirschenbaum/USA während meiner Ausbildung zum Familientherapeuten kennen- und anzuwenden gelernt habe. Es handelt sich um die Methode der sukzessiven Dyadenbildung während eines Familiengesprächs. Die Absicht bei dieser Vorgehensweise besteht darin, eine integrative Beziehungsstruktur auf der interpersonalen Ebene aufzubauen oder zu verbessern. Für einen Zeitraum von 5 bis 15 Minuten werden zwei Familienmitglieder miteinander in Kontakt gebracht, um eine bessere Beziehungsqualität zu erarbeiten. Sie können dabei auf eine neue oder bessere Art und Weise miteinander ins Gespräch kommen. Die Technik des Doppelns und Übersetzens kann helfen, die Kontakte zu intensivieren. Diese sehr sinnliche und feinfühlige, manchmal auch ins Intime gehende Arbeitsweise benutzt alle Wahrnehmungskanäle, um eine völlig neue Dimension der Begegnung zu ermöglichen. Die Sitzordnung wird im Verlauf der Arbeit entsprechend der jeweiligen Gegebenheiten verändert. Manche Sequenzen finden im Stehen oder auch auf dem Boden, auf Decken oder Sitzkissen statt. Hat sich der Kontakt zwischen zwei Personen durch die Dyadenarbeit verbessert, dann wird eine andere Dyade gebildet und so fort. Diese Vorgehensweise eignet sich besonders gut zur Bearbeitung von Nähe-und-Distanz-Themen oder zum Vertrauensaufbau. In manchen Fällen kann hierdurch auch eine bislang fehlende oder unzureichende emotionale Erfahrung nachgeholt werden.

Praxisbeispiel 11: Dyadenbildung in der Familientherapie **PRAXIS**

Eine Familie mit ihrer 20-jährigen Tochter kommt zur Familientherapie, da die Mutter den Eindruck hat, ihre Tochter könne sich nicht von zu Hause verabschieden und ihr Studium in einer anderen Stadt beginnen. Zu Beginn des Gesprächs gibt es viele Vorwürfe und Missverständnisse. Erst nach der Hälfte des Gesprächs kommen wir (meine Frau und ich) auf die Zeit der Familiengründung vor fast 22 Jahren zu sprechen und damit auch auf die Zeit der Schwangerschaft und Geburt der Tochter. Da bricht es aus der Mutter heraus, sie ist emotional stark bewegt und weint. Ihre Tochter kam als Frühgeburt zur Welt und wurde ihr gleich weggenommen und in den Brutkasten gelegt. Beide erleben nun den Trennungsschmerz erneut.
Jetzt laden wir sie ein, ein ideales Ankommen zu erleben, um das Vermisste nachzuholen. Zunächst legt sich die erwachsene Tochter auf die Mutter, die auf Decken gut gebettet auf dem Boden liegt. Diese Dyadenbildung dauert eine lange Zeit und ist sehr innig und liebevoll. Der Vater ist zunächst als Beobachter dabei und kann alles in sich aufnehmen. Erst danach kommen die Eltern zum ersten Mal dazu, sich über ihre Erlebnisse, über die damaligen Ereignisse auszutauschen. Jetzt ist die Tochter als Beobachterin dabei und kann somit Neues erfahren. Dann wird eine Vater-Tochter-Dyade gebildet,

in der es um das Vertrauen zueinander geht und die Mutter hört zu. Es ist währenddessen viel Liebe, Verständnis und Zustimmung in der Familie zu erleben. Einige Monate später bedanken sie sich mit einer Postkarte für diese „einmalige Erfahrung".
Im Folgenden beschreibe ich eine weitere eher ungewöhnliche und zugleich sehr effiziente Vorgehensweise in der Arbeit mit Paaren. Diese Intervention dient der Auflösung sogenannter negativer Projektionen auf den Partner oder die Partnerin.
In Partnerschaften kann es leicht vorkommen, dass die andere Person zur Projektionsfläche für Erlebnisse und Erinnerungen aus anderen Kontexten und den hiermit jeweils verbundenen Gefühlen wird. Dieser Vorgang verläuft unbewusst und in der Regel unbeabsichtigt, führt jedoch immer zu emotionalen Spannungen oder Verstrickungen zwischen den Partnern.
Was passiert dabei? Bestimmte Eigenarten des Partners oder der Partnerin werden vom Gegenüber deswegen kritisiert, weil sie irgendwann einmal im Kontakt mit einer anderen wichtigen Bezugsperson – einem Elternteil meistens oder einer vorgesetzten Person – zu negativen Erlebnissen und Gefühlen geführt hat. So kann die Frage der Frau: *„Schatz, wie lange brauchst du dafür?"* zu einem heftigen Wutausbruch des Mannes führen. Dieser brüllt zurück: *„Dir fällt auch nichts Besseres ein, als mich ständig zu kontrollieren."* Sollte solch ein Prozess chronifiziert sein, wird es für beide Seiten schwer, dieses Problemmuster selbstständig zu beenden. Gleichzeitig wird diese Art von Beziehungsgestaltung von beiden als sehr anstrengend und nervig erlebt. In der Paararbeit stelle ich in solch einem Fall einen leeren Stuhl neben die Frau und frage den Mann, welche andere Person aus seinem Leben ihn an Kontrolle erinnert. Er könnte erwidern, dass seine Mutter früher immer wissen wollte, was er genau tue. Von ihr fühlte er sich ständig beaufsichtigt und kontrolliert. Jetzt geht es darum, die verschiedenen Erlebniswelten auseinander zu bringen, um unterschiedliche und passende (kontextadäquate) Verhaltensweisen zu entwickeln. Das eine sind Erfahrungen aus seiner Kindheit als Sohn, das andere betrifft ihn als erwachsenen Mann.

Ich werde diese Verstrickung lösen, indem ich die unterschiedlichen Zeitzonen markiere und die gefühlten Erfahrungen den unterschiedlichen Personen zuordne. Deswegen stelle ich einen weiteren leeren Stuhl neben ihn, genau gegenüber von dem leeren Stuhl neben seiner Frau. Der leere Stuhl neben seiner Frau symbolisiert nach wie vor seine Mutter und der leere Stuhl neben

ihm symbolisiert ihn selbst als Sohn (bzw. Kind). Ich bitte ihn, zwischen seinen möglichen Sitzplätzen jeweils so zu wechseln, dass für ihn und die anderen deutlich wird, ob er als Partner zu seiner Frau oder als Sohn zu seiner Mutter spricht oder antwortet. Auch seine Frau kann hiervon profitieren, denn sie kann überprüfen, ob bei ihr eine ähnliche negative Projektion vorliegt. Sollte dies der Fall sein, werden weitere leere Stühle platziert, um auf gleiche Weise Unterschiede zu markieren und den Partner bzw. die Partnerin durch die sich entwickelnde Klarheit zu entlasten. Durch diese Vorgehensweise wird es möglich, sich anders und manchmal völlig neu zu begegnen und das Gewesene vom Aktuellen bewusst zu unterscheiden.
Psychische Verletzungen finden in jedem Leben immer wieder statt und manche Klienten haben schwere Verletzungen, z. B. durch Grenzüberschreitungen, massive Abwertungen, Verluste oder Trennungen erlebt. Manche Ereignisse sind stark tabuisiert und es fällt schwer, darüber mit dem Therapeuten zu sprechen. In solchen Fällen biete ich das Friede-Ritual an mit der Zielsetzung, zunächst eine Art Bestandsaufnahme vorzunehmen, bevor es im nächsten Schritt darum geht, mit dem Vergangenen auf eine rituelle Weise abzuschließen.
Die Klienten werden dazu eingeladen, den folgenden beiden Kernfragen nachzugehen: „*Wen habe Ich verletzt?*" und „*Von wem bin ich verletzt worden?*". Sie erhalten einen kleinen Stapel DIN A6-Karten und schreiben jeweils die Namen der Personen auf, um die es im Folgenden geht. Es werden zwei Stapel gebildet: einer mit solchen Karten, auf denen die Namen der Personen aufgeschrieben werden, die durch den Klienten verletzt worden sind, ein anderer mit den Personen, von denen der Klient verletzt wurde.
Nach dieser ersten Bestandsaufnahme wird nun eine Karte nach der anderen bearbeitet. Dabei fragt man innerlich, ob es jetzt möglich ist, das verletzte Gefühl über eine gemachte Erfahrung zu verabschieden, hinter sich zu lassen, loszulassen, um emotionalen Raum zu schaffen für Neues.
Es bieten sich folgende Lösungsvarianten an, von denen eine auf die entsprechende Karte aufgeschrieben wird:

Bei erhaltenen Verletzungen:
„Das Vergangene ist vorbei."
„Ich lasse die Verantwortung für dein Handeln bei dir."
„Friede."
„Auch wenn es mir schwer fällt, dir dieses Ereignis jemals zu verzeihen,

lasse ich jetzt die Verletzung hinter mir und mache etwas aus meinem Leben – weil ich es mir wert bin."

Bei gemachten Verletzungen:
„Ich übernehme die Verantwortung für mein Handeln."
„Es tut mir leid."
„Friede."

Diese Sätze sind Empfehlungen und je nach der konkreten Situation veränderbar. Schließlich werden die Karten jeweils datiert und unterschrieben, in eine Papierserviette eingerollt und zugeklebt. Jede Karte für sich. Dies ist ein sehr intensiver Moment des Loslassens. Die Karten, die keinen Lösungssatz erhalten haben, weil es emotional (noch) nicht möglich war, sollten gut aufbewahrt und nach einiger Zeit noch einmal hervorgeholt werden, um zu überprüfen, was es noch zu tun gibt, bevor auch diese Ereignisse emotional losgelassen werden können.
Den Klienten wird zum Abschluss dieses Rituals empfohlen, einen ausführlichen Spaziergang zu unternehmen und die Röllchen bei dieser Gelegenheit zu „verlieren", auf jeden Fall ohne sie zurückzukommen. Sie können sich während des Spaziergangs von einem Symbol aus der Natur rufen lassen, das z. B. für die neuen Möglichkeiten steht und dieses für sich mitnehmen.

Auch in der Paartherapie lässt sich dieses Vorgehen einsetzen, wenn es um die gegenseitigen Verletzungen der gemeinsamen Jahre geht. Hierbei werden nicht wie oben beschrieben verschiedene Personen, sondern die unterschiedlichen Ereignisse auf jeweils eine Karte geschrieben. Der weitere Verlauf wird dann wie oben beschrieben durchgeführt.

Die Bearbeitung von Problemzuständen und -mustern, Regeln und Glaubenssätzen erfolgt durch den Einsatz vielfältiger kreativer und erlebnisorientierter Verfahren. Hierzu gehört vor allem die Arbeit mit Skulpturen. Skulpturarbeiten führe ich durch, um die synchronen Prozesse in Mehrpersonensystemen (Paare, Familien, Gruppen, Teams) in ihrer Komplexität und in ihrem Zusammenspiel aufzuzeigen. Hierdurch können die Klienten wichtige Erkenntnisse gewinnen und aufgrund der gefühlten Erfahrungen entscheiden, ob sie dieses Szenario beibehalten oder verändern möchten.
Das Bild, das sich der Therapeut von einer Beziehungskonstellation inner-

halb des Familiensystems macht, wird bei einer Skulptur im Raum – mit den Familienmitgliedern selbst – dargestellt. Dann werden sie gefragt, ob sie dieses Bild kennen, ob es stimmig ist oder ob jemand aus der Familie eine Änderung vornehmen möchte, um den aktuellen Zustand in der Familie darzustellen. Alle Familienmitglieder werden hieran beteiligt.
Aus der Ist-Darstellung wird danach in die Soll-Darstellung gewechselt. Die Familienmitglieder können hierbei die Skulptur so verändern, wie es für sie besser erscheint. Die Soll-Darstellung orientiert sich also erstmals am wünschenswerten Gesamtzustand des Systems. Hierbei werden die Klienten eingeladen, ihre unterschiedlichen Zielbilder zu entwickeln und zu zeigen. An dieser Stelle kann es auch vorkommen, dass Ziele präzisiert werden. Dies ist meistens eine recht lebhafte und experimentelle Phase innerhalb einer Therapiesitzung. Es findet vielleicht seit längerer Zeit die erste offene Kommunikation untereinander statt, die mit „Werbekampagnen" für eine Verbesserung einhergeht.
Aus dem Soll-Zustand kann wieder zurückgeführt werden in den (schon nicht mehr) aktuellen Ist-Zustand, damit der entscheidende Unterschied sinnlich-emotional wahrgenommen werden kann. Im Soll-Zustand werden von mir individuelle Aussagen als Lösungssätze angeboten, um die gewünschten Lösungen zu manifestieren, z. B.

„Hier ist Platz für alle."
„Ich bin gerne in deiner Nähe."
„Ich mute mich dir zu."
etc.

Inszenierungen kommen zum Einsatz, um Problemmuster, die innerhalb einer Person oder zwischen mehreren Personen oder in der Familie als Ganzem stattfinden, mit den Beteiligten selbst spielerisch darzustellen. Die Klienten werden in das Problemmuster mit einbezogen und mit solchen Sätzen ausgestattet, die ihre jeweilige individuelle Orientierung/Regel wiedergeben, durch die sich die vorherrschende Problemkonstellation manifestiert hat, z. B.

„Ich trage alles alleine" oder
„Ich kann alles besser als ihr" oder
„Ich habe immer alle Zügel in der Hand" oder
„Nur wenn alle auf mir rumhacken, bin ich zufrieden" oder
„Du bist schuld!" usw.

Hierdurch wird das Muster der Probleminszenierung innerhalb des Klientensystems erlebbar, spürbar und bewusst erfahrbar. Durch diese Erfahrung können sich die Klienten bewusst entscheiden, beim bisherigen Ablauf zu bleiben oder eine Verbesserung oder Veränderung anzustreben.

Choreografien verwende ich häufig in der Gruppenarbeit, z. B. in Form eines Märchenspiels, einer Neugeburt, einer Zukunftsphantasie usw., um für eine Person eine besonders intensive und erlebnisreiche Erfahrung zur weiteren Persönlichkeitsentwicklung zu ermöglichen. Das Drehbuch der Choreografie kann dabei vom Therapeuten vorgegeben, von den Gruppenmitgliedern erarbeitet oder vom Klienten selbst entworfen werden.

Der Inhalt des Drehbuchs orientiert sich an der Problemgeschichte und/oder der Veränderungsabsicht des Klientels und ist als eine Metapher derselben aufzufassen. Choreografien in dieser Form folgen einer angedachten und strategisch geplanten Dramaturgie, die sich in ihrem Verlauf zuspitzt, um auf ihrem Höhepunkt den Wandel, also eine Regeltransformation, einzuleiten. Märchen, Sagen, Mythologien, Kinofilme oder auch Comicgeschichten eignen sich hervorragend als Vorlage, die in jedem Fall auf die jeweiligen Besonderheiten der Klientenwirklichkeit abzustimmen ist. Klienten müssen sich in der Darstellung „wiederfinden", sich hiermit identifizieren und gleichzeitig herausgefordert fühlen, sich der möglichen Veränderung, dem möglichen Neuen zu stellen. Die angestrebten Lösungen oder Verbesserungen sollten immer mit der eingangs vereinbarten Zielsetzung kompatibel und persönlich integrierbar sein, um die gewünschte positive Wirkung zu erreichen.

Zur professionellen und zieldienlichen Durchführung der genannten Interventionen werden Anleihen beim Psychodrama, der Gestalttherapie, der Kunst- und Körpertherapie, der Erickson'schen Hypnotherapie sowie der Psychomotorischen Therapie nach Albert Pesso gemacht. Klänge, Musik, Symbole, Verkleidung und dramaturgische Effekte kann ich einsetzen, um die gewünschte Wirkung zu begünstigen und zu verstärken.

Diese Art der Interventionsgestaltung unterscheide ich eindeutig von der Methode der Familienaufstellung nach Bert Hellinger. Beides hat nichts miteinander zu tun.

In solchen Aktionsphasen der systemisch-integrativen Arbeit werden bereits Integrations- und Lösungspotenziale sichtbar. Bevor diese allerdings ins Spiel kommen, ist es wichtig, dass die Familie bzw. der Einzelklient ihre bzw. seine Probleminszenierung beendet – nicht der Therapeut! Durch das Problemerleben werden die Klienten in eine mehr oder weniger starke therapeutisch induzierte Krise gebracht. Diese bildet die Grundlage für eine Entscheidung zur Veränderung. Nur die Klienten selbst sind meines Erachtens berechtigt, sich für Veränderungen auszusprechen. Erst wenn eine deutliche Zustimmung zur Veränderung zustande kommt, kann in die nächste Phase übergeleitet werden. In manchen Fällen ist es notwendig, auch die fehlende Bereitschaft zu einer Weiterentwicklung durch die Klienten zu respektieren, positiv zu konnotieren und wertzuschätzen. Das führt vielleicht zur Wende – besonders bei starken Ambivalenzen und Double-Bind-Haltungen.

In der Phase des wünschenswerten Zielzustands arbeite ich gerne mit passenden Lösungssätzen, um das Neue integrativ zu verwurzeln. Hierzu einige Beispiele:

„Jetzt sehe/höre ich dich wieder."
„Deine Nähe tut mir gut."
„Das Vergangene ist für mich vorbei."
„Ich gebe dir einen Platz in meinem Herzen."
„Du kannst mir vertrauen."
„Deine Liebe tut mir gut."
„Du bist die/der Richtige für mich."
„Ich habe dich gerne an meiner Seite."
„Ich übernehme die Verantwortung für mein Handeln."
„Gemeinsam sind wir stark."

Praxisbeispiel 12: Regeltransformation durch eine Teilearbeit in Form eines Märchenspiels PRAXIS

Im folgenden wird eine therapeutische Arbeit nach unserem Konzept der systemisch-integrativen Therapie beschrieben. Das Ziel dieser Arbeit besteht vonseiten der Klientin darin, ihr Aschenputteldasein endlich zu beenden und mehr aus ihrem Leben zu machen. Sie zeige sich immer noch so, wie sie einmal war, und nicht so, wie sie sich eigentlich fühle, berichtet sie. Nach einigen weiteren Erörterungen schlage ich ihr vor, dass wir ein Märchenspiel inszenieren können, um hierdurch etwas weiter in Richtung ihrer Wunschvorstellung zu gelangen. Meine Hypothese ist, dass die Klientin durch den Kontakt zu ihren Ressourcen ihr gewünschtes Ziel besser oder nachhaltiger erreichen kann. Sie stimmt meinem Vorschlag zu. Wir bereiten in der Therapiegruppe einiges vor, um das Märchen bis zu einem gewissen Punkt gemäß dem Originaldrehbuch zu spielen, dann aber dem Ganzen eine neue Wende zu geben. Denn die Lösung im Märchen ist der Prinz und nicht Aschenputtel selbst. Es werden die entsprechenden Rollen verteilt: die Stiefmutter, die beiden Stiefschwestern, ein Prinz und einige Gäste. Ich frage die Klientin, ob sie die Rolle des Aschenputtels selbst spielen möchte. Es wäre auch möglich, dass jemand anderes diese Rolle darstellt und sie als Beobachterin (auch im Sinne einer Regisseurin) dabei ist. Im vorliegenden Fall hatte jedoch die Klientin schon im Vorgespräch wortwörtlich gesagt, dass sie selbst etwas beenden und etwas anderes beginnen wolle. Daraus ist zu schließen, dass sie die benannte Rolle selbst besetzen möchte.

Wir brauchen weiterhin Erbsen und Linsen, um diese auseinander zu sortieren, ein Pferd (z. B. Stock mit Decke), einen Damenschuh, welcher Aschenputtel zu klein ist, und Musik für das Fest auf dem Schloss, zu dem der Prinz viele Damen eingeladen hat, um sich seine Prinzessin zu wählen. Die Rollenspieler verkleiden sich nun, während sieben weitere Rollen vergeben werden. Die Rollenzuschreibung hat mit den noch nicht genutzten Ressourcen zu tun bzw. mit solchen Persönlichkeitsanteilen, die bislang zu kurz kamen, aber für die Zielsetzung der Klientin von Bedeutung sein werden. Meine Haltung als Therapeut ist wie immer eine Angebotshaltung. Denn schlussendlich entscheiden unsere Klienten, ob sie unsere Angebote für passend halten oder nicht.

Der erste Teil der Inszenierung beginnt: Aschenputtel wird von ihrer Stiefmutter immer dazu aufgefordert, Erbsen und Linsen auseinander zu sortieren, während die anderen sich bei Schlosse amüsieren, mit dem Prinzen tanzen, in der Hoffnung, von ihm ausgewählt zu werden. In dieser Phase geht es darum zu klären, ob die Klientin ihre Aschenputtelrolle ablegen möchte. Sie kann sie natürlich auch beibehalten und wir könnten herausarbeiten, welchen Nutzen diese Rolle für sie haben kann oder einmal hatte. Insofern stehen wir als Therapeuten immer mit den beiden möglichen Seiten in gutem Kontakt: mit der Veränderungsabsicht einerseits und gleichzeitig mit der Möglichkeit, das Bisherige zu bewahren und ihm eine bessere, passendere Bedeutung zuzuschreiben und damit eine veränderte Betrachtungsweise anzubieten.

Im zweiten Teil verlässt die Klientin ihren Aschenputtelplatz, legt sich eine schöne Decke um und geht ebenfalls zum Fest. In diesem Moment hat die Klientin sich selbst entschieden, ihre bisherige Aschenputtelrolle zu beenden und ihr bisheriges Muster aufzugeben. Der Prinz bemerkt sie sofort und tanzt mit ihr. Anscheinend hält er sie für die attraktivste der anwesenden Damen. Dann wird das Fest beendet und alle gehen nach Hause. Der Prinz hat aber vergessen, die Auserwählte nach ihrem Namen zu fragen, doch er findet den Schuh und macht sich mit seinem Pferd auf den Weg zu ihr. Die Stiefschwestern können nicht glauben, dass es sich nicht um sie, sondern dass sich alles um ihre Schwester dreht. Doch dann das Malheur: Der Schuh passt keiner von ihnen und der Prinz reitet davon.

Durch diesen geänderten Ablauf wird eine weitere therapeutisch induzierte Krise erzeugt. Es verwirrt die Protagonistin, dass der Schuh nicht passt, der Prinz nicht die Lösung ist, sondern einfach weiterreitet. Sie muss sich jetzt neu orientieren oder wieder die alte Aschenputtelrolle einnehmen.

Inzwischen haben sich die sieben Ressourcen-RollenspielerInnen zu einem Kreis formiert und der dritte Teil der Inszenierung kann beginnen. Sie sind durch Tücher jeweils miteinander in Kontakt. Die Klientin wird aufmerksam und fragt nach der Bedeutung der Szene. Sie ist also neugierig geworden. Ich lade sie ein, in den Kreis zu kommen, so dass sie nacheinander alle Personen sehen kann. Ich teile ihr mit, dass alle etwas für sie mitgebracht haben, so eine Art Geschenk und frage sie, von wem sie zuerst etwas hören möchte.

Nacheinander und in angemessener Ruhe wird jede der sieben Personen der Klientin die folgende Frage stellen: *„Wer bist du?"* Dabei ist es nicht erforderlich, eine Antwort zu geben, sondern nur diese Frage wirken zu lassen, eine Frage nach ihrer Identität. Die Inszenierung befindet sich auf dem Höhepunkt, das emotionale Klima ist jetzt sehr dicht und je nach Klientensystem unterschiedlich gefärbt. Jetzt arbeite ich an der Tiefenstruktur der Selbstorganisation der Klientin und das ist im Raum für alle spürbar. Es geschieht etwas Bedeutungsvolles ohne genau zu wissen, was im Einzelnen passiert. Das werde ich auch in der Regel nicht erfragen. Es soll wirken.

Nach dieser Runde frage ich die Klientin, ob sie auch Interesse daran hat zu erfahren, wer diese Personen sind, was sie darstellen. Dann beginnt sie zu fragen, eine Person nach der anderen: *„Wer bist du?"* und jetzt erhält sie die vorher vorbereiteten Aussagen in einer ritualisierten Weise vorgetragen.

Die erste Person sagt z. B.: *„Ich bin ... das verletzte Kind ... und ... das verletzte Kind ... in dir ... Willst du mich annehmen?"* Mit einer Geste wird es möglich, zu zeigen, dass die Klientin bereit ist, diese Seite von sich und in ihr anzunehmen, dieser zuzustimmen, sie zu integrieren als ein bedeutungs-

voller Teil von sich selbst.
Dann folgt die nächste Figur: *„Ich bin ... das Sonnenkind ... und ... das Sonnenkind ... in dir ... Ich bin deine Fähigkeit, ... deine Wünsche ... zu leben ... Willst du mich annehmen?"* Auch dieser Teil wird bei Zustimmung seitens der Klientin durch ein Zeichen von Körperkontakt integriert.
Weiter geht es: *„Ich bin ... die erwachsene Frau ... und ... die erwachsene Frau ... in dir ... Ich bin deine Fähigkeit, ... die Aufgaben ... des Lebens ... selbstverständlich ... zu meistern ... Willst du mich annehmen?"*
Es folgen die weise Frau für die innere Gewissheit und Weisheit, die heilsame Hexe für die eigenen Selbstheilungskräfte, der gesunde Egoismus als die Fähigkeit, gut für sich zu sorgen, sich durchzusetzen, abzugrenzen und zu positionieren, sowie das Selbstvertrauen als integrative Kraft im Zusammenspiel der verschiedenen Fähigkeiten, Kompetenzen und Potenziale.
Zum Schluss können alle Teile mit der Klientin verbunden sein und mit ihr zusammen ein Ganzes bilden auf eine Art und Weise, die für den Moment passend ist und Zustimmung findet. In genau diesem Moment wird der altbekannte Ausspruch erlebbar: „Das Ganze ist mehr als die Summe seiner Teile."
Durch identitätsstiftende Integrationsprozesse dieser und vergleichbarer Art in der Selbstorganisation psychischer Systeme kann sich eine spezifische emergente Kraft über die Summe der einzelnen Anteile hinaus im Ganzen entfalten.
Es ist unbedingt zu beachten, dass die Auswahl der Eigenschaften sich immer (!) an den Fragestellungen, Zielen und Absichten des Klientensystems orientiert. Es gibt bei einer solchen Vorgehensweise kein Muss oder Soll, vielmehr handelt es sich um einen gemeinsamen Such-Finde-Prozess in eine Richtung, die vorher mit dem Klientensystem abgesprochen wurde. Das ganze Vorgehen hat den Charakter einer transparenten und flexiblen Dynamik unter Einbeziehung kleiner Ritualisierungen und Symbolisierungen. Hiermit wird der Lernvorgang unterstützt und das wünschenswerte Ergebnis in weicher Weise verankert. Es werden die vorhandenen Kräfte neu zusammengeführt und sowohl als jeweiliger Teilaspekt des Ganzen als auch als Ganzes insgesamt integrierbar gemacht.

Fazit: Psychotherapeuten brauchen zusätzlich zu ihrem konzeptionellen Wissen eine Menge „Handwerkszeug", um den unterschiedlichen Herausforderungen im Therapiealltag mit dem passenden Instrumentarium begegnen zu können und qualitativ hochwertige Arbeit abzuliefern. Persönlichkeit und die Entwicklung hierzu ist in unserer Gesellschaft ein hohes Gut. Aufmerksamkeit und Feingefühl sind die richtigen Begleiter, um zusammen mit den vielschichtigen Kompetenzbereichen gute Ergebnisse zu erzielen. Systemisch-integrativ zu arbeiten bedeutet für mich, mit Spaß und Gewissenhaftigkeit gleichermaßen an der Persönlichkeitsentwicklung kleiner und großer Klienten und Kunden beteiligt zu sein. Eine Aufgabe, die mit freudiger Energie und lebendiger Zuversicht erst so richtig Spaß macht.

6. Praxisbeispiele

In diesem Kapitel beschreibe ich nun vier ausführliche Praxisbeispiele, die jeweils eine gesamte Therapiesitzung wiedergeben. Ich möchte damit den Lesern einen Eindruck von der Vielfalt der Gestaltungsmöglichkeiten vermitteln, welche die systemisch-integrative Arbeit bietet. Hierbei werden gleichzeitig Einblicke in die Umsetzung zusammenhängender Prozesse in jeweils einer Therapiesitzung möglich.

Alle persönlichen Daten wurden aus Gründen des Datenschutzes geändert. Die ergänzenden Kommentare werden durch Pfeile gekennzeichnet.

6.1. Psychotherapeutische Einzelarbeit mit Regeltransformation und Musterunterbrechung während eines Weiterbildungsseminars

Ziel: Verbesserung der Selbstorganisation
Klientin: Sylvia, 27 Jahre alt

C: Was ist denn für dich die wünschenswerte Richtung für dieses Gespräch? Wo soll die Reise hingehen? Wenn wir jetzt hier zusammensitzen, was sollte hierdurch bewirkt werden?

→ Frage nach dem Ziel.

Klientin (überlegt lange).

C: Sollte überhaupt etwas bewirkt werden?

S: Ja, doch, doch... mehr Ausgeglichenheit.

→ Das Ziel wird als Zielzustand beschrieben.

C: Das stelle ich mir vor wie eine gute Balance, wie so zwei Waagschalen, die ausgewogen, irgendwie gleichmäßig sind. Macht das Sinn – dieses Bild mit der Waage für dich?

→ Der Zielzustand wird gleich aufgegriffen und mit einer Metapher verknüpft. Nachfrage, ob dieses Angebot passend ist.

S: Ja, ja!

C: Wie würde sich das denn im Moment so darstellen?

⇢ Der Ist-Zustand wird erkundet.

S: Ausgewogen ist es nicht.

C: Und würdest du sagen, es ist eher ein großer oder eher ein kleiner Unter schied?

⇢ Es wird unterstellt, dass der Zielzustand schon teils vorhanden ist – Ressourcenorientierung.

S: Mittel.

C: Also es besteht wirklich zur Zeit ein Unterschied. Das heißt, es ist im Moment nicht so optimal ausgewogen.

⇢ „im Moment" schränkt das Problem ein.

S: Nein, aber es war schon schlimmer.

C: Es war schon schlimmer und jetzt bist du auf dem Weg der Verbesserung? Was glaubst du denn, um wie viel Prozent es schon besser ist als es mal war, als es schlimm war?

⇢ Weitere Ressourcenorientierung; Unterschiede werden skaliert.

S: Um 20 Prozent besser.

C: Um 20 Prozent besser – hm. Und was meinst du, was du dafür tust, um diese Verbesserung zu erreichen? Nehmen wir einmal an, ich hätte zu wenig Ausgeglichenheit und wollte wissen, wie man um 20 Prozent das Ganze verbessert, was würdest du mir für einen Tipp geben?

⇢ Die bereits erreichte Verbesserung wird als kompetente Leistung angesehen.

S: Mehr Gelassenheit zulassen.

⇢ Es kommt ein neuer Persönlichkeitsanteil hinzu.

C: Und wie komme ich dazu? Also Gelassenheit führt zu Ausgewogenheit. Das kann man auf jeden Fall schon mal sagen. Aber die Frage wäre, wie käme ich dann zu mehr Gelassenheit, um zu mehr Ausgewogenheit zu kommen? So im Sinne von: An was müsste man denken, womit könnte man sich beschäftigen, was sollte man hinter sich lassen, was bietet sich an, wichtig oder nicht wichtig zu nehmen?

⇢ Jetzt werden die inneren Prozesse der Selbstorganisation erforscht.

S: Wenn man Dinge nicht mehr so wichtig nimmt.

⇢ Eine neue Lösungsstrategie wird genannt.

C: Also Dinge nicht mehr so wichtig nehmen, die vorher vielleicht mehr Bedeutung hatten oder wichtiger waren?

S: Die wichtiger genommen wurden.

C: Das heißt, die Dinge bekommen eine andere Bedeutung. Heißt das auch, besser zu wissen, was jetzt bedeutungsvoll und wichtig ist und was nicht so wichtig ist?

S: Genau, ja.

⇢ Prioritäten setzen als Lösungsweg.

C: Also da klare Prioritäten entwickeln. Und das führt zu mehr Gelassenheit und Gelassenheit führt zu besserer Ausgewogenheit um 20 Prozent – kann man das so sagen?

⇢ Die inneren Prozesse, die zu einer Verbesserung beitragen, werden klarer. Ich hole mir immer wieder die Bestätigung für die angebotene Sichtweise ein.

S: Stimmt!

C: Gut, jetzt ist es irgendwie so. Und was wäre jetzt die nächste Etappe in deinem Verbesserungsprojekt?

⇢ Es wird auf den nächsten Verbesserungsschritt fokussiert.

S: Ich möchte zu 50:50.

⇢ Das Ziel wird präzisiert.

C: Also noch mal 30 Prozentpunkte dazu, damit es 50:50 ist. Damit wäre dein innerer Zustand genau in Balance?

S: Hm.

C. Würdest du denn sagen, die 30 Prozent, also die restlichen 30 Prozent, schaffst du sozusagen in einem Durchgang oder gibt es da Etappen?

⇢ Es wird der nächste erreichbare Schritt gesucht (Kleine Schritte machen den Erfolg wahrscheinlicher.)...

S: In Etappen. ... und gefunden.

C: Etappen, hm. Wie viele Prozentpunkte sind denn für dich ein erfolgversprechendes Etappenziel für hier?

S: Fünf.

C: Fünf. Okay. Und würdest du sagen, da könnte man noch mal die Gelassenheit ins Spiel bringen oder sollte es etwas anderes sein? Zum Beispiel, weil die Gelassenheit schon ziemlich ausgereizt ist?

⇢ Es wird nach weiteren Potenzialen gesucht.

S: Das sollte schon mehr was anderes sein.

C: Also was Neues. Und würdest du sagen, es ist etwas, was du schon kennst? Vielleicht schon etwas Vorhandenes in dir oder bei dir, irgendwie bekannt, so etwas wie eine Ressource oder müsste dieses Neue neu erfunden werden?

S: Ist schon bekannt.

C: Ist schon bekannt, muss jetzt nur noch aktiviert werden. Wie würdest du es denn benennen?

S (wartet lange mit der Antwort): *Fehler machen dürfen.* (lacht dabei)

⇢ Die bisherige Regel lautete wohl: „Ich darf keine Fehler machen." Eine neue Orientierung wird jetzt benannt.

C: Das wäre was echtes Neues – Fehlerfreundlichkeit. Kann es sein, ich habe da so eine Vermutung, dass du vielleicht früher eher weniger fehlerfreundlich warst, also mehr Fehler suchend oder so?

⇢ Eine neue Lösungsstrategie wird gefunden.

S: Perfektionistisch!

C: Perfektionistisch, aha. Dann wäre das jetzt also dieses neue Programm, mehr Fehlerfreundlichkeit zuzulassen, um damit eine bessere Ausgewogenheit zu erreichen.

⇢ Jetzt kann das zielverhindernde Problemmuster bewusst gemacht und mit dem Zielzustand verknüpft werden.

S: Hm.

C: Was würdest du denn sagen: Wie ausgeprägt ist sie denn deiner Einschätzung nach jetzt schon, deine Fehlerfreundlichkeit? Wenn wir das jetzt mal skalieren auf einer Skala von 0 bis 10. Wieviel hast du jetzt schon davon?

⇢ Ressourcensuche.

S: Zwei.

C: Zwei! Immerhin schon wieder 20 Prozent. Das ist, wenn du bei 0 anfängst, schon eine ganze Menge.

⇢ Bestätigung der vorhandenen Fähigkeiten.

S: Ja.

C: Und um jetzt diese gewünschte Ausgewogenheit zu erlangen, wohin müsstest du dich von 2 weiterentwickeln?

S: Nach 4 oder 5.

⇢ Die notwendige Regelveränderung wird der Klientin deutlich.

C: Hm, also müsstest du deine Fehlerfreundlichkeit Richtung 4 bis 5 weiterentwickeln, um deine Ausgewogenheit so richtig schön hinzukriegen... Wie würde es sich eigentlich körperlich anfühlen, so ausgewogen zu sein?

⇢ Der Körper kommt als neues Element ins Spiel.

S (legt ihre Hände auf den oberen Brustbereich): *Leichtigkeit.*

⇢ Ein neuer Ressourcenzustand wird im Körper wahrgenommen.

C: Aha, Leichtigkeit. Hat das was mit deiner Atmung zu tun?

→ Es wird weiterhin nach der Organisation der Selbstorganisation geforscht und der Zusammenhang zwischen Regel (Perfektionismus) und inneren Anteilen bearbeitet.

S: Eher mit dem Magen.

C: Also das Magengefühl wäre anders, irgendwie leichter und auch hier oben rum leichter.

S: Ja, das schon.

→ Alle Aussagen der Klientin beziehen sich auf innere Prozesse.

C: Das heißt also: So eine gewisse körperliche Leichtigkeit ist ein Kriterium dafür, dass du zu mehr Ausgewogenheit kommst.

S: Hm. **(nickt zustimmend)**

C: Okay, dann könnte man jetzt sagen: Herzlichen Glückwunsch, weiter so! Aber irgendwie scheint es ja ein Hindernis zu geben.

S: Hm. **(schmunzelt)**

C: Gibt es Hindernisse?

→ Weitere Suche nach ergebnisverhindernden Regeln und Glaubenssätzen.

S: Hm. **(lacht)**

C: Irgendwelche Seiten in deiner Person oder in deiner Körperlichkeit, die vielleicht sagen, nicht so schnell, oder sonstige Einwände erheben?

S: **(guckt fragend)**

C: Wer oder was könnte denn dagegen Einwände haben?

S: Die Gedanken.

C: Also irgendein Gedanke. Gedanken äußern sich meistens in Sätzen. Gibt es so einen typischen Satz?

S: Ja. Jetzt streng dich an, das geht schon noch. Larifari kannst du jetzt nicht machen!

→ Anstrengung als Wert.

C: Also so was Anspornendes. Und wenn schon, dann richtig. Dann kommt dieser Perfektionismus mit ins Spiel?

→ Anspornendes als Umdeutung für Anstrengung.

S: Ja, ja.

C: Gibt es noch irgendein Hindernis, wo du sagst, das könnte noch im Weg sein, auf dem Weg zu mehr Ausgewogenheit?

S: Mein schlechtes Gewissen?

C: Das schlechte Gewissen ist immer ein gutes Hindernis. Was sagt das?

→ Normalisierung.

S: **(wartet lange mit der Antwort und lacht)**
C: Vielleicht eine Botschaft des schlechten Gewissens an dich?
⇢ Sätze machen Regeln handhabbar.
S: Es hätte besser sein können. Nicht im Sinne von besser sein, sondern was Besonderes machen. Ich habe den anderen gegenüber ein schlechtes Gewissen, ich gebe nur 30 Prozent von dem, was ich könnte, denke ich mir.
⇢ Eine neue Regel: „Ich bin nicht gut genug."
C: Aha, also du hättest für die anderen noch mehr erreichen können? Also eine Unzufriedenheit darüber, dass du nicht 100 Prozent warst? **(Klientin nickt zustimmend).** *Ich weiß nicht ob es stimmt, aber gibt es da so eine Regel, du müsstest für andere immer da sein?*
⇢ Die Zuspitzung der Regel: „Ich muss immer zu 100 Prozent für andere da sein, sonst bin ich nicht gut genug."
S: Ja!
⇢ Jetzt haben wir die zentrale Regel zur Steuerung der Selbstorganisation gefunden.
C: Eine Rotkreuzbinde würde für dich gut passen? Wo würdest du sie hinmachen, an den rechten oder den linken Arm? Und wie heißt die Botschaft, der passende Satz dafür?
⇢ Jetzt wird als nächstes das Problemmuster konfrontativ inszeniert. Ich zeichne ein rotes Kreuz auf Papier, klebe die Enden zusammen und gebe es ihr zum Anheften.
S: Ich bin immer für alle da.
C (Ich schreibe den Satz „Ich bin immer für alle da" auf die Rotkreuzpapierbinde dazu.): Soll ich noch deine Telefonnummer dazuschreiben?
⇢ Eine Provokation auf der Musterebene. Durch diese strategische Bewusstmachung intrapsychischer Vorgänge kann der gewünschte Wandel vorbereitet werden.
S: Die meisten Leute haben die schon.
(Jetzt wird sie sehr nachdenklich und besinnlich.)
⇢ Wir kommen zu einem sehr zentralen Aspekt der Selbstorganisation und die Klientin ist sehr nahe bei sich.
C: Was kriegst du jetzt mit? Was passiert gerade jetzt?
S: Es ist erdrückend. Jetzt kommt der Magen ins Spiel.
⇢ Jetzt ist es wichtig, einfühlsam, wertschätzend und unterstützend weiterzuarbeiten!

C: Aha, jetzt kommt der Magen ins Spiel, als wenn da so ein Zusammenhang besteht?

S: Ja, ja, der Magen.

C: Wenn du also an diesen Druck, immer für alle da sein zu müssen denkst, dann spürst du deinen Magen.

⇢ Die Regel als Orientierungsgröße des Handelns und das Körperliche werden verknüpft.

S: Ja, ja.

C: Und was ist jetzt die Botschaft deines Magens? Was sagt der jetzt?

S: Du spinnst, sagt der.

C: Der ist da ein bisschen direkter und sagt dir, du spinnst...

⇢ Der Magen ist „sauer“, weil die Klientin nicht auf sich selbst achtet. Die Wörter der Klientin zu benutzen, macht die implizite Bedeutung ihrer Aussage deutlich.

S: Ja, der ist viel direkter.

C: Also der zeigt dir so einen Vogel, du spinnst, so ein Blödsinn, immer für andere da zu sein...

⇢ Der Magen zeigt den inneren Konflikt auf.

S: Das mag er nicht so gerne.

C: Er hat in dem Moment noch den längeren Atem.

S (atmet tief aus*): Ich wollte es ja so.*

C: Jetzt ist darin auch eine Kompetenz zu sehen. Es ist nicht so, als wenn alles nur schlecht ist.

⇢ Der höchste Wert der Klientin wird respektiert.

S: Ja, das weiß ich schon.

C: Für andere da zu sein ist ja eine super Kompetenz. Wenn das alle so machen würden, dann wäre mein Beruf überflüssig. Dann könnte ich nach Hause gehen und wäre arbeitslos. Da liegt ja eine große Kompetenz darin, für andere da zu sein. Und auch das Maß, die Ausgewogenheit im Dasein, das ist ja etwas, was man selbst bestimmen kann... oder könnte.

⇢ Angebot einer positiven Umdeutung für das Problem (Perfektionismus) in Verbindung mit dem höchsten Wert (für andere da sein) und dem neuen Ziel (Ausgewogenheit).

S: Könnte ist gut.

⇢ Sie hat vermutlich Sorge, etwas zu verlieren, wenn sie die Regel ändern würde.

C: Was wäre denn für dich so das richtige Maß, das passende Maß an Hilfsbe-

reitschaft?

S: Das wären die 50:50.

C: Das heißt, du müsstest von deinem „für andere immer da zu sein" etwas abschmelzen sozusagen?

S: Genau.

C: Jetzt ist auf der anderen Seite aber dein schlechtes Gewissen da und fordert dich sozusagen auf, wieder mehr zu machen als nur 50 Prozent. Gibt es irgendein Argument für dein schlechtes Gewissen, dass das so passend ist mit dem ausgewogenen Verhältnis, wie du dir das vorstellst? Was könnte ein Argument sein?

⇢ Beide Seiten werden gesehen, das Bisherige und das Neue. Die Entscheidung muss die Klientin treffen. Das Neue kann nur angenommen werden, wenn die Absicht des Bisherigen bleiben darf.

***S: Dieses Ausgelaugtsein.* (spricht sehr ernst und nachdenklich)**

⇢ Sie leidet unter der Regel.

C: Ich hole jetzt einmal dein schlechtes Gewissen hier in den Blick mit diesem leeren Stuhl. Jetzt steht das hier so in der Nähe. (Ich stelle einen leeren Stuhl in den Raum als Symbol für diesen Teil in ihr: das schlechte Gewissen.) *Steht es hier so bei dir?*

⇢ Es erfolgt eine weitere Inszenierung des Problemmusters.

S: Nein, jetzt ist es nicht so nah, jetzt steht es da.

C: Stell dir jetzt vor, dass ihr miteinander sprechen könnt. Und was sagt es zu dir?

S: Du musst 100 Prozent geben!

C: Dann aber fühlst du dich ausgelaugt. Sag doch mal deinem schlechten Gewissen, dass es gar nichts bringen würde, weil du dann ausgelaugt bist.

⇢ Arbeit an der Regel mit dem Ziel der Regeltransformation.

S: Soll ich?

C: Ja.

S: Ich fühle mich ausgelaugt, wenn ich zu viel gebe.

⇢ Jetzt wird der innere Konflikt deutlich: „Ich möchte, aber ich kann nicht die Regel erfüllen".

C: Setz dich jetzt mal rüber, du bist jetzt dein schlechtes Gewissen. Wie ist es denn da auf der Seite?

S (Sie setzt sich auf den leeren Stuhl.)*: Super, richtig super!* (lacht laut)

⇢ Der Perspektivewechsel führt zu einer neuen Erfahrung.

C: Also richtig super! So als Gewissen... hat schon was.

***S:** Ja, wirklich toll.* **(zeigt sich ganz begeistert und lebendig)**

C: Und als Sylvia hast du es schon mitbekommen, was mit deiner Belastung, mit dem Magen los ist?

S: Ist schon besser geworden.

C. Ist schon besser geworden. Und weil du als schlechtes Gewissen so viel Einfluss hast, wäre jetzt die Überlegung, welchen Einfluss kannst du geltend machen auf Sylvia, dass es ihr noch besser geht?

⇢ Das Problem wird jetzt genutzt, um zu einer Verbesserung beizutragen (Problemutilisierung).

S: Das schlechte Gewissen sollte sie auf sich beziehen und nicht auf die anderen.

⇢ Sie findet einen wichtigen Lösungsweg.

C: Ich meine, ein Gewissen zu sein, ist ja eine tolle Sache. Ich könnte mir vorstellen, das ist eine super Rückmeldungsgeschichte, die da abläuft. Wenn ich mir vorstelle, ich hätte auch mal so ein Gewissen, dann hätte ich ja eine tolle Rückmeldungsschleife und Informationsquelle in einem, also äußerst praktisch, denn es ist etwas, das man sonst nur von anderen bekommen kann. Eine innere Beraterin ist das geradezu.

⇢ Ich biete ihr eine weitere Umdeutung an.

S: Ja, ja.

C: Mal angenommen, du würdest dich als Gewissen so verstehen, wie würde Sylvia das auffassen?

⇢ Die Auswirkung einer möglichen Änderung wird evaluiert.

S: Gut, wirklich gut.

C: Okay, dann setz dich noch mal rüber. Von dem, was du jetzt hier erlebst als Sylvia mit deinem Gewissen, gib ihm doch einmal eine Antwort oder Einschätzung.

S: Es ist besser, fein.

⇢ Sie ist dabei, eine neue Möglichkeit zu integrieren.

C: Es ist besser, aha.

S: Ja es ist besser, viel besser jetzt.

C: Ich denke mal, es ist eine tolle Beobachtungsquelle. Das Gewissen kriegt viel mit. Heißt ja auch Wissen. Wäre ja blöd, so was wegzumachen. Andere geben viel Geld aus, um so viel Wissen zu kriegen, und du hast es schon. – Über dich. Vielleicht wäre es günstig, dem einfach eine andere Bedeutung zu geben, eine andere Funktion zu geben. Aber das kannst nur du machen. Du bist ja die Chefin in deinem Psychohaushalt. Sonst keiner, das bist du selber. Deswegen ist es an dir zu sagen, okay, wenn du schon da bist, so eine Wissensquelle, dann will ich die auch in einer bestimmten Weise nutzen. Nämlich in einer nützlichen Weise, die für dich erfolgversprechend ist. Auch gesundheitlich. Könntet ihr das so machen? Könntest du das so betrachten?

⇢ Die positive Umdeutung wird noch einmal auf ihre Nützlichkeit überprüft.

S: Das artet dann aber immer wieder aus.

⇢ Es kommt ein Einwand. Sie möchte das Problem noch mehr eingrenzen und nicht nur nutzen.

C: Bis jetzt war es ja auch noch keine Vereinbarung zwischen euch.

⇢ Es folgt ein Gegeneinwand von mir ...

S: Ab und zu schon.

... der zu nichts führt.

C: Aha, habt ihr schon. Okay. Was glaubst du, wie nach dem jetzigen Stand dieses Wissen und das Gewissen um dich damit umgehen wird und umgehen will und welche Art von Kooperationsbereitschaft dort jetzt schon vorhanden ist?

⇢ Ich mache ein neues Angebot.

S: Besser. Aber eher von mir aus.

⇢ Sie will die neue Art der Selbstorganisation selbst anders steuern.

C: Das heißt, wenn es also kommt, sich bemerkbar macht, Informationen gibt, dann zu sagen – und ich meine das jetzt hier spielerisch-experimentell: Okay, vielen Dank für die Info, ich werde die mal für mich evaluieren, ob das jetzt in die wünschenswerte Richtung geht und zum Beispiel sagen, gut, ich werde mich mal mehr oder ein bisschen mehr um andere kümmern. Das kann ja manchmal angemessen sein. Oder aber zu sagen: Nein, ich kann den anderen auch ihre Selbstverantwortung lassen.

Und sich immer wieder einzumischen, ist eigentlich auch ein Schritt, den anderen die Verantwortung wegzunehmen. Ob das immer so günstig ist, ist echt die Frage. Manchmal ist deine Hilfe sicherlich genau das Richtige, und manchmal wäre es eine Anmaßung, sich da einzumischen und denen damit vielleicht sogar die Selbstverantwortung zu nehmen. Du hast die Möglichkeiten, das immer wieder neu zu entscheiden. Und wenn du dich aktiv entscheidest, braucht es das schlechte Gewissen nicht mehr zu tun als eine Art Hilfsinstanz. Was meinst du?

⇢ Eine weitere neue Betrachtungsweise einer zukünftigen veränderten Selbstorganisation wird angeboten... Beides darf sein und das ist neu!

S: Klingt leicht.

… und (mit einem zweifelnden Unterton) angenommen.

C: Ja gut. Manche Leute sagen, das ist so leicht, das hat keinen Wert.

→ Durch meinen Einwand wird die Veränderungswirksamkeit des Erreichten überprüft.

S: Naja, es klingt leicht, aber es ist schwer.

→ Der Einwand ist berechtigt.

C: Also, das heißt mit anderen Worten, gemeint ist: Du hast so einen Informationsgeber hier und du verarbeitest die Infos für dich. Und sagst dann: Okay, vielen Dank, und jetzt werde ich das entsprechend bewerten und daraus meine Rückschlüsse ziehen. Was hältst du davon? Du nimmst das nicht ungefiltert in dich hinein, sondern du filterst das sozusagen. Genau wie bei einer Zeitung. Da nimmst du auch nicht alle Informationen von der ersten bis zur letzten Seite auf, sondern je nach Interessenlage.

→ Jetzt wird wieder die Veränderungsseite unterstützt, indem die Entscheidungsfähigkeit der Klientin als neues Element zusätzlich ins Spiel kommt. Zusätzlich wird durch das neue Element der zeitlichen Verzögerung das Problemmuster des unmittelbaren Handelns unterbrochen. Jetzt lautet die mögliche Abfolge: Wahrnehmen, filtern, bewerten, handeln.

S: Klingt gut.

C: Klingt passend?

S: Ja, hm.

C: Was meinst du, wie sich das so auswirken würde auf dein Körpergefühl von Ausgewogenheit? Wenn dieser Ablauf zwischen euch so selbstverständlich wird, Alltagsroutine wird, wie eine Beraterin geradezu, die dir Infos gibt und du kannst abwägen, wie du sie nutzt.

→ Überprüfung des bisher Erreichten. Vergleich mit der Zielsetzung vom Anfang des Gesprächs.

S: Das fühlt sich jetzt viel besser an.

C: Du hattest als Ziel anfangs genannt, fünf Prozentpunkte mehr Ausgewogenheit zu erreichen. Meinst du, wir sind den angepeilten fünf Prozent als erste Etappe schon etwas näher gekommen?

→ Präzisierung der Auswirkung der Lösung.

S: Ja, auf jeden Fall.

C: Gut, können wir es mal so lassen? Oder gibt es von deiner Seite aus noch etwas?

S: Wir haben noch keine 20 Prozent.

→ Hier macht sich noch mal die alte Regel bemerkbar, die für Perfektionismus sorgt. Gleichzeitig bedeutet das, dass sie noch weitere Veränderungspotenziale sieht.

C: Ja, das ist genau der Punkt. Die Fehlerfreundlichkeit. Das heißt, kleine Brötchen backen, würde ich mal sagen. So step by step und nicht alles hundertprozentig perfekt. Wir haben nämlich in deinem neuen Sinne gearbeitet. Nicht gleich auf die 100 Prozent zu gucken oder die 30, die noch zur 50 fehlten, sondern haben den ersten Schritt unternommen in Richtung fünf Prozentpunkte, die erste Etappe angepeilt. Und dann kommt vielleicht wieder eine neue Etappe bei Gelegenheit. Okay?

→ Ich halte es jedoch für ungünstig, mehr zu bearbeiten, als anfangs vereinbart wurde, weil dies ihr früheres Problemmuster wieder aktivieren könnte. Ich biete statt dessen die Möglichkeit, auf das Erreichte zu schauen und es für sich anzunehmen.

S (nickt zustimmend)*: Danke vielmals.*

C: Gut, dann belassen wir es für heute hierbei.

6.2. Jugendlichenpsychotherapie mit den Mitteln des Rollenspiels

Ziel: Stärkung des Selbstwerts
Klient: Andreas, 14 Jahre

Andreas ist zum Zeitpunkt der Therapie 14 Jahre alt. Er lebt mit seiner Mutter, seinen Vater kennt er nicht. Nach Aussagen des Jugendamtes und der Mutter sei dies auch gut so, denn der Mann sei Alkoholiker und gewalttätig. Deshalb sei es auch kurz nach der Geburt von Andreas zur Trennung der Eltern gekommen. Die Mutter hatte inzwischen verschiedene Partner. Weitere leibliche Kinder hat die Mutter von Andreas nicht. Der Grund für den Beginn der Therapie mit Andreas waren seine Defizite in der Persönlichkeitsentwicklung, Auffälligkeiten im Sozialverhalten (besonders in der Schule, wo er durch massive aggressive Handlungen auffiel) sowie die Gefährdung seiner Schullaufbahnentwicklung auf der Hauptschule bei gleichzeitig gutem Abschneiden im Intelligenztest. Soweit die diagnostischen Erkenntnisse des Sozialpsychiatrischen Dienstes, der überweisenden Stelle.
Der therapeutische Prozess verlief über eineinhalb Jahre mit 60 Einzelstunden. Ziel war es, ein positives Selbstbild aufzubauen, den Selbstwert zu entwickeln und Andreas' soziale Kompetenzen zu verbessern.

Zwischen der 20. und 30. Therapiestunde ging es vermehrt um das Kennenlernen, Austesten und Eingrenzen seiner aggressiven Impulse und Energien, die zunächst völlig unkontrolliert und unspezifisch gezeigt wurden, aber nicht das gewünschte Ergebnis von Anerkennung, die Andreas damit einfordern wollte, zeigten. In mehreren Sitzungen arbeitete ich deshalb mit folgendem Szenario:
Wir spielen Boxkampf, aber nicht irgendeinen Boxkampf, sondern den Kampf der Giganten. Weltbekannte Champions treffen aufeinander, um sich zu messen. Zur Ausstattung gehören ein Sandsack, der von der Decke hängt, Boxhandschuhe und T-Shirts mit Aufschriften und Slogans (selbst gemacht), die nur Champions tragen dürfen. Der Boxring wird mit Seilen markiert. Dieser Weltmeisterschaftskampf wird live im Fernsehen übertragen, das Geschehen wird also mit der Videokamera aufgezeichnet, um es später analysieren zu können.
Champion-Musik erklingt und der Kampf beginnt. Andreas und ich boxen jetzt gleichzeitig auf den Sandsack ein – jeder von einer anderen Seite. Dabei wird geflucht und gedroht, geschrien und angefeuert. Es wird heiß im Raum und die Energie brodelt. Andreas hat insgesamt den längeren Atem, mehr Power und Ausdauer und gewinnt schließlich (aber nicht immer!) den Kampf der Giganten.
Die Siegerehrung kann beginnen. Feierlich überreiche ich (jetzt in der Rolle des Schiedsrichters) Andreas einen Lorbeerkranz aus Papier und die Siegeshymne ertönt . Ich hebe dem Sieger die Arme hoch zum Zeichen des Erfolges und er genießt seinen Auftritt vor laufender Kamera.
Jetzt wird es Zeit für ein Interview. Ich werde zum Sportmoderator mit einem Mikrofon in der Hand. Zunächst beglückwünsche ich Andreas zum Sieg und frage ihn dann ausführlich, wie er den Kampf erlebt hat, welche Strategie er verfolgt hat, wieso er so viel Kraft und Ausdauer gehabt hat, ob er immer so an sich glaubt und so mutig und zielstrebig ist usw. Die Videokamera zeichnet weiterhin alles auf. Dann ist die Sportschau beendet und ich lasse das Band zurücklaufen, um mit Andreas gemeinsam mit der Analyse zu beginnen. Manche Szenen wiederhole ich in Zeitlupe, manchmal wähle ich ein Standbild aus. Andreas gibt seine Kommentare von sich, die ich teilweise nochmals kommentiere, kompetenzorientiert umschreibe, umdeute oder auch hinterfrage, damit Andreas sich spezifischer äußern kann.
Einmal stellen wir die aus seiner Sicht besten Szenen zusammen, alles andere wird gelöscht. Es entsteht ein Zwei-Minuten-Video, das wie eine

Selbstwerbung rüberkommt.
Entscheidend bei der Auswahl der Vorgehensweise war folgende Überlegung: Wie kann/darf die zweifellos vorhandene Energie zum Ausdruck kommen – gebündelt und begrenzt (Sandsack) – um dann gleichzeitig als neue Potenziale der Persönlichkeit des Jungen integriert zu werden?
Bei einer solchen Ausgangslage hat es keinen Zweck, die körperliche Kraft, die Wut, die Aggression und den Kampfeswillen zu übersehen, zu beschwichtigen oder zu verbieten. Es geht vielmehr darum, diese Persönlichkeitsanteile ins Spiel zu bringen, sie geradezu zu fordern und sie dabei in neue Bahnen zu lenken, so dass sie als eine Facette der Persönlichkeit integriert werden können.
Ein solcher Prozess wird kaum in kurzer Zeit erreicht. Es bedarf sehr viel Beziehungsarbeit, Vertrauensvorschuss auf beiden Seiten und die Bereitschaft, den Klienten anzunehmen wie er ist – ohne Vorbedingungen oder einschränkende Regulierungen. Wichtig sind das Ringen um Absprachen, das gemeinsame Erarbeiten von wünschenswerten und machbaren Erlebnissen und Erfahrungen sowie das Aushalten unterschiedlicher Sichtweisen und Bewertungen.
Wenn wir als Therapeuten wollen, dass Klienten Vertrauen in sich entwickeln, dann ist es unabdingbar, ihnen zu vertrauen und dann sind solche Szenarien realisierbar. Abschließend möchte ich unbedingt darauf hinweisen, dass die beschriebene Szene zwar ein wichtiger, aber eben nur ein Ausschnitt aus einem Gesamtprozess mit Höhen und Tiefen, Aufregungen und Langeweile darstellt und nur passend war in der spezifischen Interaktion zwischen Andreas und mir zu diesem Zeitpunkt. Eine Generalisierung ist deswegen nicht angebracht. Psychotherapie ist kein Serienprodukt, sondern muss immer wieder neu und passgenau erfunden werden.

6.3. Psychotherapeutische Einzelarbeit zum Aufbau einer integrativen Struktur auf der intrapsychischen Ebene

Ziel: Aufbau und Verbesserung des Selbstvertrauens
Klientin: Helga, 44 Jahre alt

C: Sie haben sich vielleicht schon Gedanken gemacht darüber, um was es hier gehen soll in unserem Gespräch und was ein gutes Ergebnis wäre?

⇢ Frage nach dem Ziel und dem gewünschten Ergebnis.
H: Ja, ich fühle mich in einer orientierungslosen Lebensphase und habe das Gefühl, ganz viel, was gehalten hat, hält nicht mehr.
C: Da verändert sich gerade viel, ja?
H: Oder ist schon verändert und hat wie noch keinen neuen Boden gefunden.
C: Ja, also das Alte hört jetzt gerade auf und das Neue ist noch nicht so richtig da.
H: Ja, wie so Häutungen.
C: Bei Schlangen übrigens völlig normal.
⇢ Versuch einer Normalisierung des Problems.
H: Ich bin aber keine Schlange.
C: Ja, deshalb ist dieser Wandel auch nicht so einfach. Da passiert jetzt gerade etwas ganz Wichtiges für Sie in Ihrem Leben: dieser Veränderungsprozess.
H: Und das Selbstvertrauen und es ist auch deshalb weggebröselt – es war nicht so extrem stark, aber auch das Gefühl dafür – da komme ich wie nicht mehr ran.
C: Auch der Zugang zu Ihrem Selbstvertrauen ist nicht mehr so gut wie er einmal war?
H: Ja, ja. Ich komm nicht mehr gut ran.
⇢ Bisher steht das Ankoppeln im Mittelpunkt der Gesprächsführung.
C: Und was meinen Sie, was sollte jetzt hier durch unser Gespräch für Sie erreicht werden?
⇢ Fokussierung auf die Zielsetzung dieses Gesprächs.
H: Also, dass ich zuversichtlicher werde, dass ich mir selber mehr vertraue, meinem Weg und was ich spüre.
C: Aha, also mehr Zuversicht, mehr Selbstvertrauen und dass Sie sich gut spüren.
⇢ Der Prozess der Zielfindung hat begonnen.
H: Und dass ich dem, was ich spüre, auch mehr vertraue. Ich habe das Gefühl, ich traue mir nicht mehr so richtig über den Weg.
C: Sind Sie irgendwie misstrauisch sich selbst gegenüber?
H: Ja! Es ist immer die Frage, spüre ich richtig. Oder auch bei Entscheidungen, da bin ich ganz unsicher mit der Entscheidung.
C: Sie fragen sich also, ob Sie dem Gefühl, das Sie spüren, trauen können, sich darauf verlassen können?
H: Richtig. Ja. Und ich weiß auch nicht genau, was ich will.

C: Da ist also im Moment vieles möglich.

⇢ Angebot einer positiven Umdeutung.

H: Im Moment ja, im Moment ja.

C: Okay, also Ihr Selbstvertrauen sollte zunehmen. Was meinen Sie denn, wie viel Selbstvertrauen im Moment schon oder noch vorhanden ist? Auf einer Skala von null bis zehn – null bedeutet überhaupt kein Selbstvertrauen mehr, zehn ist das Maximum an Selbstvertrauen, dass man sich überhaupt vorstellen kann – wie würden Sie Ihr Selbstvertrauen zur Zeit einstufen?

⇢ Arbeit mit der Zielskala.

H: Zur Zeit zwischen zwei und drei.

C: Dann in etwa zwei Komma fünf?

H: Nein, doch zwei.

C: Aha, da ist also etwas an Selbstvertrauen auch jetzt vorhanden. Es ist ja nicht bei null.

H: Stimmt!

C: War es schon einmal mehr irgendwann?

⇢ Frage nach Ressourcen.

H: Ja...ja.

C: Wann war es denn letzte Woche mehr?

H: Ja, ich ging im Wald laufen. So durch die Herbstblätter und habe den Bächen zugehört...

C: Ja, ja. Also Natur sozusagen als eine Kraftressource?

H: Ja, ja.

C: Zu sich selbst zu kommen, es sich gut gehen zu lassen, sich zu spüren...

H: Ja, ja.

C: Speziell also durch den Wald, die Herbstblätter, die Bachgeräusche...

H: Ja,ja.

C: Also, Ihr Selbstvertrauen ist im Moment bei zwei. Was wäre denn so das erste Signal, das erste Zeichen, an dem Sie feststellen könnten, dass es losgeht in die wünschenswerte Richtung, also nach drei oder vier oder... was könnte das erste Signal sein, durch das Sie feststellen, irgendwie geht es jetzt los, mein Selbstvertrauen nimmt zu.

⇢ Hierdurch wird auf ein erreichbares Ziel fokussiert und damit auf ein erfolgreiches Zwischenergebnis.

H: Ein Wohlgefühl oder eine Ruhe in mir selber. Das spüre ich im Wald...das ist gar keine Frage.

C: Aha, das ist ganz sicher. Darauf können Sie sich verlassen!

H: Ja! Wenn ich da drin bin, dann muss ich mir das gar nicht überlegen, dann ist das einfach.

C: Dann ist das einfach. Da können Sie sich dann richtig drauf verlassen, das ist dann hundertprozentig Ihr's.

H: Ich nehme es nicht mal wahr als: Aha, das ist jetzt das. Ich bin da wirklich ganz drin.

C: Sie sind das dann.

H: Ja, ich bin das dann.

C: Mal angenommen, ich wollte mal mit meinem Selbstvertrauen mal ein Stückchen von zwei auf zwei Komma fünf weiterkommen. Was würden Sie mir empfehlen, um das hinzukriegen?

→ Diese Dissoziation macht die Klientin zur Expertin für ihr eigenes Anliegen.

H: Ich würde Ihnen empfehlen, regelmäßig in den Wald zu gehen, jeden Tag oder jeden zweiten.

C: Das heißt, oft Berührung mit der Natur haben.

H: Ja. Und den Körper gut spüren so im Gehen.

C: Im Gehen geht das wohl besser, als zum Beispiel hier im Sessel.

H: Ja, die Füße spüren und die Erde spüren. Und dann würde ich Ihnen raten, sich nicht einzuigeln...

C: ...Einigeln wäre ungünstig für das Selbstvertrauen, für den Zuwachs von Selbstvertrauen?

H: Ja, manchmal ist es nötig, da brauche ich so ein Höhlenbewohnerfeeling, aber dann auch wieder rauskommen.

C: Ja. Also beides: Höhlenbewohnerfeeling und dann wieder Kontakt mit der Außenwelt.

H: Ja.

C: Und das dann ausbalanciert? Wäre das vorteilhaft?

H: Das wäre vorteilhaft.

C: Auch vorteilhaft, um von 2 nach 2,5 oder 3 zu kommen?

H: Ja, ja. Das ist aber auch tückisch und da müsste ich Sie warnen! Kommen Sie zur Höhle raus, ganz vorsichtig, und dann kommen auch schon meine Nachbarinnen und dann sind Sie ja noch dünnhäutig und dann sind solche Ratschläge von ihnen wie Schläge.

C: Ratschläge können dann ganz schlimm wirken?

H: Können.

C: Weil ich dann noch nicht so dickhäutig bin, wie ich gerne mit mehr Selbstvertrauen sein möchte.

H: Ja.
C: Also mit einer dickeren Haut könnte man auch Ratschläge gut verkraften?
H: Ja, oder überhaupt diese Kontakte. Ich würde Ihnen empfehlen wählerischer zu sein, wenn Sie noch so dünnhäutig sind.
(Die Klientin kostet die Expertenrolle sichtlich aus.)
C: Sie sagen, eine Auswahl zu treffen, ist schwierig?
H: Weil ich nicht weiß, was ich wirklich will und dann auch noch dünnhäutig bin.
C: Gut! Und Sie haben einen Weg gefunden, um sich gut zu schützen, habe ich so verstanden. Ihr Tipp war ja, sich einzuigeln…
H: … nun, es funktioniert aber nicht wirklich.
C: … und das andere war der gute Kontakt zur Natur, in Bewegung kommen, den Boden spüren, den Bach hören, den Wald riechen, so richtig eintauchen in die Natur.
Das ist also etwas, durch das Sie Ihre Kraftressourcen tanken können, so wie eine Tankstelle für gute Gefühle und für ein mehr an Selbstvertrauen?
H: Ja, aber das Problem ist einfach, dass es dann wieder zerbröckelt. Ich würde das Gefühl so gerne halten können, dass es stabiler hält.

→ Die Phase der Zielfindung und Informationsgewinnung ist hiermit abgeschlossen. Jetzt leite ich über in die Aktionsphase, in der der problematische intrapsychische Prozess bewusst und dadurch für Veränderungen handhabbar gemacht wird.

C: Wenn wir das Selbstvertrauen mal fragen würden, was da los ist, was würde es sagen? Vielleicht eine ungewöhnliche Idee, aber vielleicht ist es tatsächlich möglich, sich vorzustellen, Sie könnten mit Ihrem Selbstvertrauen ins Gespräch kommen!
H: Soll ich fragen, wie geht's dir denn?
C: Ja, zum Beispiel. Habt Ihr ein gutes Verhältnis zueinander?
H: Nein, misstrauisch natürlich.
C: Wenn wir es jetzt hier platzieren würden, wo wäre es denn dann?
H: Oh, aber jetzt im Moment ist es nicht so schlecht.
C: Wäre es dann hier im Raum oder außerhalb?
H: Neben dem Tisch dort.
C: Also so mit drei Metern Abstand, aber auch im Blick.
H: Ja.
C: Wie ist diese Vorstellung, Ihr Selbstvertrauen ist in erreichbarer Nähe? Sie können Kontakt haben, Sie können es wahrnehmen.

H: Gut.

C: Das ist gut.

H: Ja. Weil wenn ich so abtauche, dann ist es irgendwie hinter mir. Dann sehe ich es nicht mehr, dann spüre ich es nicht mehr...

C: Dann geht es verloren irgendwie. Dann geht der Kontakt verloren.

H: Ja, dann komme ich nicht dran. Und jetzt sehe ich es.

C: Okay, dann stelle ich jetzt diesen leeren Stuhl mal dorthin als Symbol für Ihr Selbstvertrauen. Was ändert sich?

→ Mit dem Symbol des leeren Stuhls wird es der Klientin möglich, in Kontakt mit dem Problemteil zu gehen und das Beziehungsmuster zu beeinflussen.

H: Das fühlt sich gut an. Ich habe ein Gegenüber. Ja.

C: Was meinen Sie, wie es dem Selbstvertrauen geht?

H: Es hat auch ein Gegenüber.

C: Sie meinen also, wenn das Selbstvertrauen mitbekommt, dass Sie Kontakt mit ihm aufnehmen, dass es gut für es ist?

H: Ja...ja.

C: Man könnte fast sagen, wie so ein Wiedersehen von Zweien, die sich etwas aus den Augen verloren haben?

→ Angebot einer positiven Umdeutung des Problemmusters Misstrauen.

H: Also ich merke das auch körperlich, wie mir da wärmer wird (berührt mit beiden Händen den Bereich des Solar Plexus) und wie es da aufgeht.

C: Aha, wie es da aufgeht. Und ist das ein gutes Gefühl?

H: Ja, sehr!

C: Das ist vor allem hier im Bauch-Magen-Bereich?

H: Ja.

C: Mal angenommen, das Selbstvertrauen und Sie hätten einen näheren Kontakt, wäre das dann eher besser oder eher schlechter oder sonst irgendwie anders?

→ Angebot einer Veränderungsvariante auf der Beziehungsebene.

H: Das müsste ich ausprobieren.

C: Oder ist es gut, so wie es ist?

H: Ich versuche, es mal näher zu holen.

C: Genau, dann können Sie ja feststellen, wie es dann ist.

(Kl. zieht den Stuhl für ihr Selbstvertrauen ca. einen Meter näher zu sich hin.)

H: Ich würde es mir so wünschen, aber ich habe das Gefühl, es stimmt so noch nicht.

C: Im Sinne von „zu schön, um wahr zu sein“?

H: Ja.

C: So ist es aktuell nicht, aber so könnte es werden? Oder hätten Sie etwas dagegen?

H: Nur etwas dagegen, weil es sich nicht stimmig anfühlt.

C: Ja, im Moment ist es noch nicht so.

H: Da lügt was, wenn ich sagen würde, so ist es gut.

C: Das heißt, für den jetzigen Moment ist das Selbstvertrauen Ihnen zu nahe. Aber es wäre für die Zukunft schon ein wünschenswertes Ziel, dass es einen etwas näheren Kontakt zwischen Ihnen beiden gibt?

⇢ Die hypothetische Ausrichtung des Gesprächs lenkt stets auf wünschenswerte Zielzustände und Ergebnisse.

H: Wünschenswert wäre noch viel näher.

C: Aha. Was wäre denn das beste überhaupt? Mal angenommen, Sie hätten so eine Art Zauberstab und könnten damit das zaubern, was Sie sich wünschen. Was wäre dann das beste überhaupt?

H: Wenn mein Selbstvertrauen in mir drin wäre.

C: Den Stuhl können wir jetzt schlecht dort hineinbringen. Wie könnte man das am besten symbolisch darstellen, den besten aller wünschenswerten Zustände? Wo wäre dann der Stuhl für Ihr Selbstvertrauen eher hier vorne oder an der Seite oder hinter Ihnen? Hier können Sie alles ausprobieren.

(Kl. nimmt den Stuhl und stellt ihn zunächst hinter sich, dann vor sich mit der Blickrichtung von ihr weg.)

C: Aha. **(Kl. legt sich mit Kopf und Oberkörper auf die vor ihr befindliche Rückenlehne des Stuhls.)**

H: Es ist so schön... **(Dann probiert sie weitere Platzierungen um sich herum aus.)**

Hier ist es auch nicht schlecht. **(Der Stuhl steht jetzt hinter ihr.)**

⇢ Die Aktionsphase ist in die Lösungsphase übergegangen. Diese Phase dient dem Aufbau einer integrativen Struktur auf der intrapsychischen Ebene und damit der Verbesserung der Selbstorganisation.

C: Macht es für Sie einen Unterschied zwischen der Position vorne und hinten?

H: Wenn ich es vorne habe, dann kann ich es besser umarmen und von hinten fühle ich eine Art Rückendeckung.

C: Es ist also sowohl vor Ihnen als auch im Rücken sehr positiv. (Th. bringt einen zweiten Stuhl ins Spiel.) Sie können jetzt mal ausprobieren, wie es ist, wenn Ihr Selbstvertrauen sowohl vorne als auch im Rücken positioniert ist.

H: Also vorne und hinten gleichzeitig?

C: Ja sicher!

H: Das tut gut. **(Kl. genießt es.)**

C: Das tut gut? Und wie fühlt sich der Bauch-Magen-Bereich an?

→ Der Körper wird in meiner Arbeit sehr häufig als Gradmesser für Verbesserungen ins Gespräch gebracht. Der Körper reagiert unmittelbar auf Veränderungen und der Klient kann diese sofort bei sich selbst wahrnehmen.

H: Das tut auch gut.

C: Also Rückendeckung einerseits aber auch so ein Anlehnen.

H: Ja...ja.

C: Das ist ja enorm. Es sind ja nur Stühle und es macht doch ein so gutes Gefühl.

H: Ja...im ganzen Körper ist es wie ein Ankommen...

C: Ja.

H: ...dass ich mich wieder besser ausfülle. **(Kl. berührt ihre Beine.)**

C: Bemerken Sie das auch in den Beinen?

H: Ja, die Beine hinunter und auch in den Armen dieses gute Gefühl. Es ist leichter und freier und trotzdem ausgefüllter.

C: Aha. Und wenn wir Ihr Selbstvertrauen fragen würden, wie es ihm geht so in Ihnen, mit Ihnen?

H: Dem geht es gut. Es hat einen guten Platz.

C: Es ist toll, wenn man den Gefühlen oder Teilen einer Person einen guten Platz gibt und sie integriert, dann können sie so voll zur Wirkung kommen. So wie bei einer Pflanze, stellt man sie in eine dunkle Ecke, dann wächst dort nicht viel. Aber stellt man sie ins rechte Licht, an den passenden Platz mit viel Licht, gibt ihr ausreichend Wasser und gute Erde, dann geht es los mit dem Wachstum.

→ Der Gebrauch einer häufigen Metapher.

C: Mal angenommen, es würde so weitergehen, dass Ihr Selbstvertrauen auch weiterhin einen guten Platz erhält in Ihrem ganzen Sein, in Ihrem ganzen Organismus, welchen Vorteil hätte das dann?

→ Auswirkungsüberprüfung.

H: Also ich würde mich sicher fühlen, sicher in mir selbst. Ich müsste nicht nach Halt von außen suchen und wie an Stöcken gehen, sondern weil ich mich selber ausfülle, gibt mir das genug Festigkeit. Und trotzdem mehr Bewegungsfreiheit. Das ist spannend.

→ Die Auswirkung wird als wünschenswert und positiv eingeschätzt.

C: Das führt dann auch zu mehr Bewegung.

H: Ja. Beides: Festigkeit und Beweglichkeit.

C: Ja, gut. Und machen wir nun mal einen Transfer in Ihren Alltag, wenn Sie mögen. Mal angenommen, Sie würden in diesem jetzigen Zustand Ihrem Alltag begegnen, Nachbarinnen usw., und Sie nähmen sich vor, Sie blieben etwas mehr egoistisch in diesem guten Gefühl, ja, hätte das dann für Sie einen Wert, in diesem jetzigen Zustand zu bleiben?

⇢ Nach dem positiven Ausgang der Auswirkungsüberprüfung ist es möglich, dass Erreichte in Bezug auf den realen Kontext zu betrachten.

H: Ja, das führt zu etwas Leichtem und ganz selbstverständlich.

C: Aha, leicht und selbstverständlich? Und hat das für Sie einen Wert?

H: Sicher!

C: Sicher! Vielleicht können Sie sich einmal so ein Bild kommen lassen, einen inneren Film sehen und Sie treffen auf diese Leute mit Ihrem Selbstvertrauen, mit Ihrer Leichtigkeit und begegnen ihnen mit diesem Selbstverständnis und Sie können dabei die Begegnung so arrangieren, wie es für Sie passend ist. Was meinen Sie?

⇢ Mit dieser konkreten Kontextuierung wird der Transfer vorbereitet.

H: Da bleibe ich so ganz bei mir und ich gehe auf meine Umwelt ein.

C: Das ist vorstellbar, ja? Und was können Sie dafür tun, dass Sie ganz sicher sein können, bei sich zu bleiben? Sie können das zum Beispiel mit einem Satz koppeln, den man sich sagt, oder mit einem Bild, das man dann sieht oder so etwas...oder auch etwas, das mit einer Geste oder einer Bewegung zu tun hat, so dass Sie ganz sicher sind, dass Sie bei dieser Begegnung so ganz selbstverständlich bei sich bleiben.

⇢ Es wird angeboten, diesen Zustand für den realen Kontext zu ankern.

H: (Kl. überlegt lange.)

C: Kommt vielleicht etwas plötzlich, diese Frage?

H: Ich möchte dabei nicht an ein Amulett fassen oder so was.

C: Aha, ja, das verstehe ich gut. Ich habe auch an etwas völlig anderes gedacht. Diese Nachbarinnen, so habe ich zuerst gedacht, sind ja wie ein Hindernis auf dem Weg zu Ihrem Ziel. Aber dann habe ich mir vorgestellt, dass sie auch als ein großer Vorteil anzusehen sind und Sie müssten eigentlich schon bald dafür sorgen, denen wieder zu begegnen. Weil sie es ja sind, die Sie mit Sicherheit wieder zu sich selbst führen. Mal angenommen, Sie würden den Kontakt mit Ihrem Selbstvertrauen irgendwann einmal mal wieder etwas schleifen lassen, dann wäre es äußerst nützlich, einer dieser Nachbarinnen zu begegnen.

H: Oder sonst einer dieser unangenehmen Zeitgenossen...

C: Unangenehm oder sonst irgendwas, auf jeden Fall so, dass Sie bei dieser Begegnung überprüfen können, bei sich selbst zu bleiben. Würden Sie keinem Menschen mehr begegnen bei sich in der Nachbarschaft, dann könnten Sie gar nicht herausfinden, wie und dass es geht, bei sich zu bleiben und andere Personen zu treffen. Was denken Sie darüber?

→ Der externale Problemanteil (die Nachbarinnen) wird genutzt, um den internal gewünschten Zustand (Selbstvertrauen) zu behalten bzw. wieder zu optimieren.

H: Irgendwie stimmt das schon. Das würde auch gegen das Einigeln sprechen. Aber vielleicht fürchte ich mich noch zu sehr vor Unangenehmen.

C: Ja, das ist ja gerade der Test, wie weit kann ich schon bei mir bleiben, auch wenn ich anderen begegne.

H: Und dann sollte ich mich denen aussetzen?

C: Ich meine, diese Leute zu treffen, würde einen Sinn machen, Sie können etwas Neues über sich selbst herausfinden.

H: Ja.

C: Jetzt kommt meine Nachbarin, jetzt bleibe ich mal schön bei mir. Das könnte etwas Neues sein.

H: Ja...ja.

→ Da die Klientin nicht weiter hierauf eingeht, lenke ich die Aufmerksamkeit wieder auf die aktuelle Hier-und-Jetzt-Situation im Gespräch.

C: Wie ist es im Moment so, eingebettet in das Selbstvertrauen?

(Th. deutet auf die beiden Stühle vor und hinter der Kl.)

H: Gut!

C: Gut? Und wenn Sie jetzt bitte mal vergleichen, wie es Ihnen jetzt geht und wie es am Anfang unseres Gesprächs war. Ist da irgend ein Unterschied, fühlt es sich für Sie anders an oder was bemerken Sie?

→ Ich ziehe gerne im Verlaufe eines Gesprächs eine Art Zwischenbilanz, um zu erfahren, welche Verbesserungen/Veränderungen sich aus der Sicht der Klienten ergeben haben. Zu diesem Zeitpunkt würden sich Kurskorrekturen noch gut realisieren lassen.

H: Also ich fühle mich besser in mir. Da ist ein gutes Gefühl so. Es wäre schön, es könnte sich so festigen. Ich will es einfach wachsen lassen in mir.

C: Ja...ja.

H: Es ist nicht mehr so utopisch.

C: Ja genau. Wenn es nicht mehr so utopisch ist, dann könnte man fast schon sagen, es ist schon jetzt ein wenig realistisch?

⇢ Gebrauch der Potenzialorientierung.

H: Nah dran.

C: Also es wird realistischer, dass Ihr Selbstvertrauen wieder einen besseren Platz bekommt in Ihnen?

H: Es ist nicht so, dass ich denke, da komme ich gar nicht mehr hin.

C: Das heißt, aus dem Zweifel wird allmählich eine Zuversicht?

⇢ Gebrauch der Potenzialorientierung.

H: Ja, ich sehe, ich habe mehrere Möglichkeiten.

C: Gut. Ich möchte Sie jetzt etwas vielleicht Ungewöhnliches fragen. Wie können Sie den Zuwachs an Selbstvertrauen verhindern?

⇢ Diese Frage stelle ich, um nicht zu einseitig die Veränderungsrichtung zu unterstützen. Es sollte immer auch möglich sein, dem Bisherigen bewusst zuzustimmen und es als die beste Möglichkeit zur Zeit anzusehen.

H: Verhindern?

C: Ja! Es könnte ja sein, dass Sie denken, es war ja ganz nett beim Cormann, aber ich werde ihm schon beweisen, dass das Neue nicht geht, das gesteckte Ziel unerreichbar bleibt.

H: Ihnen also beweisen, dass das Vorhaben fehlschlägt?

C: Also wie könnten Sie das, was Sie sich so sehnlich wünschen, verhindern?

H: Ich müsste mich von anderen verunsichern lassen, mich krümmen...

C: Die Schultern hängen lassen?

H: ...wie Entschuldigung, dass es mich gibt.

C: Aha, ja! Das wäre ein ganz sicheres Rezept, das Selbstvertrauen nicht zu überstrapazieren?

H: Ja. Und was ich fühle, ist falsch und was ich wahrnehme, ist falsch und so.

C: Also unbedingt diesen kritischen Teil auf sich selbst beziehen! Das kommt mir schon fast vor wie eine Art Selbstbestrafungsaktion.

H: Ja. Das wäre dann schon eine Sabotage.

C: Und hat es das schon einmal gegeben, dass eigene Sabotagen gegen Sie selbst zum Erfolg geführt haben?

⇢ Zum beschriebenen Problemmuster wird ein Gegenparadoxon angeboten.

H: (Kl. kann sich das Lachen nicht verkneifen.) *Nein! Zum Erfolg, dass ich mich wohl fühle?*

C: Ja, zum Wohlfühlen und dass es zum Ziel führt.

H: Oder Sabotage, dass ich dann selber sabotiert werde? Dafür habe ich

ein Diplom.

C: Dass Sie sabotiert werden, also von anderen?

H: Nein, dass ich mich selber sabotiere. Das kann ich gut.

C: Das können Sie gut, aha.

H: Und wenn ich mich so unsicher fühle, dann lasse ich mich auch gerne sabotieren.

C: Ja...ja. Das heißt, das hat doch was mit der Sabotage. Es hat was. Wenn Sie schon ein Diplom haben, einen Orden dafür. So was erhält man ja nicht von alleine. Solche Anerkennungen werden immer für Fähigkeiten verteilt, oder? Für eine besondere Fähigkeit der Selbstsabotage, oder?

⇢ Auch hier wieder der Gebrauch der Potenzialorientierung.

C: Werden Sie sich auch einen Orden verleihen für besonders starkes Selbstvertrauen?

H: Nein!

C: Nein? Aha, bis jetzt nicht. Bis jetzt war das andere, warum auch immer, wichtiger. Wenn ich mir jetzt denke, ich wäre das Selbstvertrauen, dann denke ich, irgendwie schade. Ich mache einiges. Ich bin zum Anlehnen gut und biete Rückendeckung, bekomme aber keine Anerkennung dafür.

H: Das stimmt. Die Sabotage hat eine Anerkennung und mein Selbstvertrauen geht leer aus.

⇢ Durch die Bewusstmachung dieses Selbstorganisationsprozesses hat sie eine Vielzahl von Optionen: Eine besteht darin, dem Bisherigen zuzustimmen und die Verantwortung hierfür zu übernehmen, eine andere darin, die neuen Möglichkeiten auszuprobieren und damit etwas Neues zu riskieren.

C: Finden Sie das denn richtig so, sollte das so bleiben?

H: Nein.

C: Gäbe es denn überhaupt einen Grund, das Selbstvertrauen anzuerkennen?

H: Ich denke schon, ja.

C: Dann können Sie einfach mal schauen, wofür Ihr Selbstvertrauen denn in der Vergangenheit eine Anerkennung, ein Dankeschön oder ein Kompliment verdient hätte. Das muss ja nicht jetzt gleich hier sein. Dafür können Sie sich vielleicht einmal etwas Zeit nehmen und die Vergangenheit Revue passieren lassen.

⇢ Angebot einer Möglichkeit, das Problemmuster aktiv zu unterbrechen.

H: Sagen Sie es bitte nochmals?

C: Ja, wofür Ihr Selbstvertrauen im letzten Jahr oder in den beiden letzten Jahren eine Anerkennung usw. verdient hätte. Also nicht abstrakt, sondern richtig praktisch, so dass das Selbstvertrauen damit auch eine Chance erhält, hier über diesen Moment hinaus gesehen zu werden und wichtig genommen zu werden, präsent zu sein usw. und sich das klar und bewusst zu machen.

H: Ja, das ist eine gute Idee, ich könnte das auch mal aufschreiben.

C: Ja, das könnten Sie gut einmal machen.

H: Also ich merke so, spontan kommt mir nichts in den Sinn. Bei jeder anderen Person würde ich denken, da ist doch sicher was zu finden, aber bei mir?

C: Für den Fall, dass Sie nichts finden, dann wären Sie auf jeden Fall ein Phänomen, denn ohne Selbstvertrauen durch's Leben zu gehen, das ist schon allerhand.

H: (Sie beginnt zu weinen. Jetzt wirkt sie weicher und scheint sich für die neuen Möglichkeiten zu öffnen.)

C: Das berührt Sie jetzt?

H: Hm.

→ Das ist der Moment eines tiefen emotionalen Zugangs zu sich selbst. Jetzt ist sie eins mit sich. In solchen Momenten kann die Liebe für sich selbst erlebbar werden und fließen.

C: (nach einer Weile) *Okay, wie ist denn so der aktuelle Stand mit Ihrem Selbstvertrauen? So wie Sie da jetzt sitzen? Auch mit der Möglichkeit, dass Sie es verhindern könnten, ein Zuviel an Selbstvertrauen zuzulassen? Ist die Sitzposition noch so passend, wie es ist?*

→ Das neue Erleben wird auf die Gesprächssituation übertragen.

H:* (Kl. berührt gleichzeitig die beiden Stühle vor ihr und hinter ihr.) *Es könnte noch näher sein. Jetzt würde ich es nicht mehr passend finden, nur mit einem Stuhl. Aber es ist auch ein bisschen nah.* (Kl. schiebt beide Stühle jeweils eine Armlänge von sich weg.) *Jetzt ist es gut so. In Reichweite.

C: Und die Stuhlrichtung, ist die passend so?

H:* (Kl. dreht den vor ihr stehenden Stuhl zu sich um.) *Besser! Viel besser!

C: Aha.

***H: Das ist wirklich gut, sehr gut* (Sie schiebt die Stühle millimetergenau, bis es passt.)**

C: Und wie ist jetzt Euer Kontakt?

→ Zielüberprüfung.

H: Absolut besser. Das passt!

C: Und Ihr Körper, Ihr Körpergefühl?

→ Körper als Prüfkriterium.

H: Hier fühlt es sich beruhigt an, entspannt irgendwie, wohlig.
C: (nach einer Weile) *Gut, dann schlage ich vor, dass wir es für diesmal so belassen, vielen Dank.*
H: Ja, gut, ich danke Ihnen.

6.4. Therapie in Trance

Ziel: Aufbau und Verbesserung der Selbstbeziehung
Klientin: Andrea, 49 Jahre

C: Was würde Ihnen denn am wichtigsten sein, Ihnen am besten passen oder Ihnen Freude machen? Welche Art von Beschäftigung, welche Art von Spiel, welche Art von Gespräch ...

⇢ Für die Klientin ist es ein Problem, Wünsche zu haben und zu äußern, auf sich selbst zu achten und es sich gut gehen zu lassen. Auf diesem Hintergrund beginne ich das Gespräch auf diese Weise: einladend, auf das Wie des Gesprächs fokussierend und nicht auf das Was.

(Die Klientin begibt sich in eine bequeme Sitzposition. Das heißt, die obige Formulierung zeigt schon ihre Wirkung.)
C: ... oder einfach nur nichts tun?
A: Ich bin ziemlich geschafft und Ruhe könnte mir gut tun. Ich möchte wieder mehr zu mir kommen und mich spüren. Ich habe mich wie verloren.

⇢ Klientin benennt ihre Ziele als sinnlich-emotional wahrnehmbaren Zustand: spüren statt reden.

C (Ich biete ihr an, es sich auf mehreren Wolldecken bequem zu machen. Wir sitzen beide auf dem Boden auf den Decken)*: Das wäre doch mal was... einfach nur daliegen... einfach so daliegen... die Augen zumachen... vielleicht können Sie die Unterlage wahrnehmen, auf der Ihr Körper liegt. Ich weiß nicht, ob es für Sie angenehm ist, bei dieser Gelegenheit auch irgendetwas zu hören, wie z. B. Akustik, Klänge...*

⇢ Ich bereite mich auf eine Trance vor, weiß aber zu diesem Zeitpunkt noch nicht ganz genau, welchen inhaltlichen Verlauf sie nehmen wird. Auf jeden Fall möchte ich ressourcenorientiert arbeiten und den Selbstbezug verbessern.

A: Das Meeresrauschen.
C: Mehr friedlich, plätschernd oder mehr stürmisch?

A: Nein... beruhigend, gleichmäßig.

C: Einfach so entspannen ... (nach einer ganzen Weile) *... und vielleicht gibt es schon jetzt eine Stelle, wo Sie dieses Gefühl von Entspannung gut wahrnehmen können ... irgendwo in ihrem Körper eine Stelle ... und vielleicht mögen Sie sich vorstellen, welche Farbe zu dieser Art der Entspannung passt ... und wie sich von dieser Stelle ausgehend ihre Entspannungsfarbe irgendwie kreisförmig oder spiralförmig oder wellenförmig im gesamten Körper ausdehnen kann, ihren Körper angenehm durchfließt oder durchströmt, auf eine Weise, die für sie wohltuend ist und den ganzen Körper in diesen anderen, angenehmen Zustand bringen kann ... und dann dieses Meeresrauschen, das dazu beiträgt, sich ein bisschen mehr, ein bisschen weiter, ein bisschen tiefer zu entspannen ... auszuruhen ... loszulassen. Und dass das so weitergehen kann, während Sie jetzt noch mal überprüfen können, dass Sie wirklich gut da liegen, hier gut aufgehoben sind ... vielleicht so, als wenn Sie am Strand liegen und das angenehme Klima genießen können ... wo es gut tut, auszuatmen und loszulassen ... hinausatmen, was überflüssig ist oder zu viel, unangenehm, alles ausatmen, rauslassen ..., um so Platz zu schaffen für das Neue, Platz zu schaffen für das Angenehme ... innerlich aufzuräumen ... und das dann einatmen, in sich hineinnehmen, was Ihnen gut tut, was gesund ist oder gesund macht, angenehm, wohltuend oder passend ist für Sie, z. B. die Frische der Luft, das angenehme Rauschen, dieses Entspannende, Beruhigende um Sie herum und in Ihnen drin. Vielleicht mögen Sie feststellen, wie Ausruhen so auch eine sehr nützliche und wichtige Kraft besitzt ... die Seele baumeln zu lassen ... in der Ruhe die Kraft wiederfinden, diese immerwährende Kraftquelle...*

⇢ Ich arbeite mit Vorannahmen (Präsuppositionen), vertrauensfördernden Formulierungen und verknüpfe das Faktische (Fakt ist, dass sie atmet) mit neuen Möglichkeiten, z. B. Loslassen und Annehmen.

C: Vielleicht können Sie mir mal mit Ihrer Hand ein Zeichen geben, dass es Ihnen gut geht.

A: Ja, mir geht es gut.

C: Ist es besser, wenn ich ruhig bin oder wenn ich weitererzähle?

A: Sie können mir noch ein bisschen was erzählen.

⇢ Ich hole mir die Erlaubnis, auf diese Weise weiterzuarbeiten. Es hätte auch anders weitergehen können.

C: Hm. Dann möchte ich Sie gerne einladen, sich mit einer Seite von Ihnen zu beschäftigen, die man durchaus ebenso als Kraftquelle ansehen kann, die jedoch manchmal nicht so in Erinnerung bleibt ... etwas, das die Liebe für sich selbst wieder oder noch einmal anders ins Fließen bringen kann ... weil das alles zu einem ... und zu Ihnen gehört ... einverstanden?

⇢ Meine Zielsetzung für den nächsten Schritt mache ich transparent, um zur Mitarbeit einzuladen, denn nur das, was für Klienten annehmbar ist, hat die gewünschte Wirkung.

A: Hm.

⇢ Diese Zustimmung ist für mich eine wichtige Voraussetzung für die nächsten Schritte. Ohne eine solche wäre die weitere Arbeit anders verlaufen. Mit dieser Zustimmung kann ich ihr Ziel, wieder zu sich zu kommen, mit einem wichtigen Inhalt verknüpfen, der gleichzeitig, so meine Hypothese, eine Kraftquelle darstellen wird.

C: Während Sie so sicher und entspannt da liegen, dass Sie sich vielleicht vorstellen, wie bei einem inneren Film ... als vor Ihrem inneren Auge dieser Weg zu sehen ist, der durch diese bekannte oder auch unbekannte Landschaft führt ... eine schöne Frühlings- oder Sommerlandschaft ... so was Wohltuendes um Sie herum. Und wie Sie sich wie vom Zuschauerraum eines Theaters aus sehen, als Sie diesen Weg entlanggehen.

Dort hinten am Horizont, dieser kleine schwarze Punkt. Aus dieser Entfernung noch ziemlich unklar, ob dieser kleine schwarze Punkt auf Sie zukommt oder weggeht. Aber Sie merken irgendwie, dass er da ist und nahezu schon unmerklich größer wird ... bis Sie feststellen, tatsächlich, er kommt auf Sie zu. Und da gibt es etwas, dem Sie gleich begegnen werden. Dann können Sie, als Sie den Weg weitergehen, sehen, dass es ein Kind ist. Ein Mädchen, das auf Sie zukommt. Von den Konturen her sehen Sie, wie alt es ist, oder wie jung ... und als Sie sich näher aufeinander zu bewegen, erkennen Sie, dass es die kleine Andrea ist ... die Andrea, die Sie mal waren, und jetzt diese Möglichkeit, sich vielleicht mal anders zu begegnen als sonst, einmal anders zu begrüßen...

... und ich weiß nicht, wie Ihr gefühlter Eindruck ist, ihr zu begegnen, und ihr beide habt die Möglichkeit, jetzt einmal ungestört, geradezu entspannt miteinander Zeit zu verbringen, Zeit zu nehmen, euch erst einmal wahrzunehmen, aufmerksam zu sein und euch zu begrüßen. Die kleine Andrea ist vielleicht ganz überrascht, die große Andrea zu sehen ... aha, das ist also aus mir geworden ... und die große Andrea sagt möglicherweise, aha, das ist also das Mädchen, das ich einmal war.

Dann macht Ihr euch beide vielleicht auf den Weg. Unterhaltet euch über das, worüber ihr euch austauschen wollt ... und was ist es, das Sie ihr mitteilen möchten ... das ihr beide da so ein Gespräch führen könnt, so eins, wie es vielleicht noch nie stattgefunden hat in dieser Art ... als Sie sich vielleicht mal eine Minute Zeit nehmen ... jetzt ... dieser Begegnung Raum zu geben, Zeit zu geben ... sich so viel Zeit zu nehmen wie Sie brauchen, um eine gute Begegnung, eine für Sie passende Begegnung daraus zu machen.

Ist es besser, wenn ihr für euch seid? Oder sollte noch jemand dabei sein?

A (hält die Augen geschlossen und spricht leise)*: Also Groß darf Klein nicht treffen, Klein darf Groß schon treffen. Im Moment.*

→ Die Klientin lässt sich auf die inhaltlichen Vorgaben von mir ein, möchte sie aber modifizieren. Die Klientin kooperiert also mit mir.

C: Sie liegen ja immer noch am Strand. Da ist immer noch das Meer. Das alles gucken sie sich an, wie im Fernsehen. Fühlen sie den Sand? Hören sie das Meeresrauschen? Geben Sie ein kleines Zeichen, sind Sie noch im Film?

A: Ja.

C: Und ihr beiden?

A: Ich guck mir das ganz vorsichtig an.

→ Hiermit versuche ich, an die vorherige Sicherheit anzukoppeln und biete weitere Sicherungselemente an. Offensichtlich sind wir bei einem sensiblen Thema gelandet.

C: Und vergewissern Sie sich, dass Sie alle Steuerungsmöglichkeiten in der Hand haben so wie beim Fernsehen ... eine Fernbedienung mit Zeitlupe, Standbild, Zeitraffer, laut und leise usw.

A: Ich möchte aussteigen.

C: Können wir auch machen. Sie können auch die Augen öffnen. Eine Frage zwischendurch? Wie fand es die kleine Andrea?

→ Ich nehme das Anliegen der Klientin ernst und biete ihr an, das Erlebte aus der Metaebene zu betrachten.

A: Schrecklich. Was aus der Großen geworden ist. Also die waren beide traurig. Ich habe es richtig körperlich gemerkt.

C: Was ist das für ein Gefühl, traurig zu sein?

→ Ich bleibe auf der Metaebene und frage nach dem Gefühl über das Gefühl, traurig zu sein, und möchte hierdurch den inneren Prozess unterstützen, zu sich selbst zu kommen.

A: Ich könnte jetzt irgendwie eine Runde heulen und dann wieder losgehen.

→ Sie bleibt in der Beziehung zu sich selbst.

C: Würde das gut tun?

(Klientin weint und schluchzt)

C: (nach einer Weile): *Das hört sich für mich so an, als wenn Sie sagen, da wäre irgendwie so eine Empathie, so ein Einfühlungsvermögen füreinander … oder eine Beziehung zueinander … gerade, wenn so ein Gefühl entsteht wie Traurigkeit … wenn beide traurig sind, ist das fast so ein Gefühl wie Verbindung.*

→ Ich biete ihr eine positive Umdeutung für Traurigkeit an, nämlich in Verbindung sein mit sich selbst.

A: Ja, gemeinsam sind wir stärker.

→ Meine Umdeutung wird von der Klientin angenommen.

C: Da ist man so traurig und dann gibt es den Aspekt des Gemeinsamen.

A: Ja.

C: Ist eine Verbindung da? Beidseitig, hin und her oder einseitig?

→ Ich gehe noch einmal auf ihre Kontaktbeschreibung von vorhin zurück, an der sie abbrechen wollte, um zu überprüfen, wie ich die Begegnung inhaltlich fortsetzen kann.

A:* (hat die Augen wieder geschlossen, wirkt wieder ruhiger)*: Ich habe schon das Bild, wenn wir aufeinander zugehen, gibt es schon einen Punkt, da sind wir komplett … freuen uns, da ist es stimmig, und dann kommt so ein Erschrecken auf beiden Seiten, was ist genau passiert?

→ Sie beschreibt das bislang Erreichte: Freude ist da und Erschrecken gleichermaßen. Es scheint Bereiche ihres Selbst zu geben, die für sie annehmbar sind und andere, die eher abgespalten werden sollen.

C: Kann ich mir vorstellen. Als Kind hat man bestimmt eine andere Vorstellung davon, was man als Erwachsene später mal macht.

→ Eine Normalisierung wird angeboten, die impliziert, dass Veränderungen sein dürfen.

A: Ja, was halt alles aus einem so wird…

→ Die Abwertung der erwachsenen Seite scheint in Frage gestellt zu werden.

C: Und die Kleine hat sozusagen den Grundstein gelegt oder mitgewirkt.

→ Ich biete eine weitere positive Betrachtungsweise an, eine, die die Verbindung zwischen Kind und Erwachsener stärken soll.

A: Ja! Ich kann sie ja noch mal suchen gehen?

→ Zu Beginn der Sitzung sagte sie, sie habe sich verloren, jetzt beginnt sie, sich zu suchen!

C: Ja. Gehen Sie sie noch mal suchen.

A: Jetzt möchte ich gerne noch mal hingehen, können Sie mich hinführen?

→ Jetzt bekomme ich die Erlaubnis, den Prozess des Sich-Findens und Zu-sich-Kommens fortzusetzen. Eine wichtige Krise der Persönlichkeitsentwicklung scheint gewandelt von teilweiser Ablehnung zu größerem Interesse.

C: Gehen wir noch mal in die Gegend, wo ihr euch begegnen wollt. Ich weiß nicht, ob ihr euch zusammensetzen wollt oder gemeinsam miteinander spazieren wollt ... mit Worten ... ohne Worte ... vielleicht auch ein bisschen mit dem Gefühl oder den Worten, dass Sie als Erwachsene der Kleinen danke schön sagen ... für das, was sie alles so gemacht hat ... wie sie es gemacht hat ... dass sie es durchgestanden hat ... wie sie manche schwierige Situation gemeistert hat ... auf ihre eigene Art und Weise natürlich.

→ Jetzt kann ich den Integrationsprozess langsam einleiten. Ich biete ihr an, das Kind zu integrieren, zu einem Teil von sich selbst werden zu lassen.

A: *Hm* (zustimmend).

C: Manchmal hat das so etwas Beruhigendes, manchmal etwas Aufregendes ... es kommt was Neues hinzu. Vielleicht auch die Möglichkeit, sich mal ... anders ... zusammen zu tun? Manchmal haben es Kinder ganz gerne, mal in den Arm genommen zu werden. Wenn es jetzt vielleicht ein bisschen beunruhigend klingen sollte ... Sie können sie ja mal fragen, um sicher zu sein ... Sie liegen jetzt am Strand, die frische Brise, die warme Luft, dann schauen Sie das alles an ... so wie es für Sie passend ist...

(nach einer Weile) *Vielleicht mal eine kleine Rückmeldung für mich.*

A: Es ist gut, wenn ich noch mal hingehe ... ist es besser ...

C: Und Sie können es sogar noch verbessern. Wie ist es im Moment?

A: Ich liege im Sand. Ich bin richtig guter Dinge. Ich kann jetzt auch leichter zu ihr rüber.

→ Der Integrationsprozess ist noch nicht ganz stabil, es scheint noch Unsicherheiten oder Vorbehalte zu geben.

C: Wenn Sie beobachten, wie die beiden so Kontakt miteinander haben, was haben Sie für einen Eindruck?

→ Ich versuche, die Sicherheit zu erhöhen, indem ich die dissoziierte Beobachtung zusätzlich zum gefühlten Erleben anbiete. Damit hat sie die Möglichkeit, zwischen der Ebene der Beobachterin und der der Akteurin zu wechseln.

A: Es ist viel leichter. Zwar noch ein bisschen nervös, aber viel besser.

C: Ja klar, ist ja auch ein bisschen ungewöhnlich, diese Situation, aber sie hat so was ... und hat die Kleine jetzt einen guten Platz bei der Andrea von heute?

A: Da muss ich mich gerade umdrehen ... ja, sie ist gut behütet – dachte ich gerade eben noch, aber jetzt fangen meine Augen wieder an zu zittern, also klappt das so wohl noch nicht...

C: Vielleicht können wir vom Gefühl her noch ein bisschen was verändern. Ich habe so die Idee, da sind ein paar Leute um Sie herum, Personen, die Ihnen Kraft geben können, auch ein Schutzengel und Ihr ganz persönliches Krafttier zum Beispiel, so dass Sie besser eingebettet sind ... was meinen Sie?

⇢ Der Wunsch nach mehr Sicherheit wird unterstützt durch das Angebot, Unterstützer zu imaginieren.

A: Ich bin aber die Große?

C: Natürlich!

A: Ja gut...

C: Die können in Ihrer Vorstellung dann erst mal einen Kreis um Sie bilden ... merken Sie das?

⇢ Das Angebot einer symbolischen Grenze als weitere Sicherheitsmaßnahme.

A: Gut!

C: Und jetzt würde ich gerne mal mit meinen Händen Ihren Kopf halten ... darf ich ... wie ist das so?

⇢ Durch diese Intervention möchte ich die Sicherheit erhöhen, für Entspannung sorgen und wirklichen Kontakt herstellen. Dies betrachte ich als integrativen Bestandteil des Entwicklungsprozesses.

A: Ein bisschen ungewohnt.

C: Spüren Sie, wie so Kraft in Sie hineinkommt, Lebenskraft, positive Energie, Lebensenergie, auch so ein Schutz ... Was sagt Ihr Körper?

A: Meinem Körper geht es gut ... nur mein Kopf strengt sich an, damit das nicht abhanden kommt.

C (das Gespräch verläuft inzwischen sehr langsam und mit vielen Pausen)*: Habt ihr denn Kontakt miteinander?*

A: Ja, die ganze Zeit.

C: Vielleicht mögen Sie der kleinen Andrea sagen oder versprechen, dass Sie sich in Zukunft häufiger um sie kümmern, sie vielleicht fragen, was sie braucht oder möchte ... manchmal wissen Kinder doch genau, was ihnen gut tut oder was sie erleichtert ... so einen inneren Austausch miteinander ... meinen Sie, wäre das was?

A: Habe ich schon, ich unterhalte mich schon die ganze Zeit mit ihr und es tut uns sehr gut ... eine Bereicherung. Hätte ich das jetzt laut machen sollen?

⇢ Der Kontakt zwischen der großen und der kleinen Andrea scheint inzwischen stabil zu sein und gut zu tun. Es ist, als wenn eine Sehnsucht in Erfüllung geht.

C: Nein. Es ist gut so, wie es ist ... (und nach einer längeren Weile) *und nun bitte ich Sie, noch etwas Neues auszuprobieren, wenn Sie mögen. Dass Sie sich jetzt vorstellen, ihr seid beide hier in greifbarer Nähe, die große, erwachsene Andrea und die kleine Andrea, beide stehen in unmittelbarer Nähe – sozusagen zum Greifen nahe – vor Ihnen hier im Raum ... und dass Sie jetzt Ihre beiden Arme ausstrecken, um beide zu berühren ... rechts und links ... an den Schultern oder Armen ... und dann beide zu sich ziehen ... in sich hinein nehmen ... beiden einen Platz in Ihrem Herzen geben ... indem Sie Ihre Hände in Ihrem Tempo auf ihnen zusammenbringen als Zeichen Ihrer Zustimmung für beide.*

⇢ Mit diesem Ritual möchte ich das Gesamte dieses integrativen Prozesses durch eine symbolische Geste annehmbar machen und gleichzeitig verankern.

A: Schön.

Die Klientin genießt das Erreichte.

C: Ja, und dass Sie das, was gut für Sie ist, über diesen Moment hinaus bei sich bewahren und in sich behalten, auch wenn wir in einer Weile diesen Prozess beenden werden ... und das allmählich so zu einem guten Abschluss bringen... (nach einer Weile) *Ist es gut so?*

A: Sehr.

⇢ Das bedeutet, dass der Integrationsprozess gelungen und gut zum Abschluss gebracht worden ist.

C: Mögen Sie noch eine Decke haben? Gut, dann können Sie noch eine Weile liegen bleiben und falls Sie mögen, sich selbst innerlich eine Anerkennung geben für das, was Sie hier heute für sich erreicht haben. Und danke fürs Mitmachen.

A: Ich danke Ihnen. **(Die Klientin bleibt noch ein paar Minuten liegen, wirkt irgendwie erschöpft, völlig gelöst und sehr zufrieden.)**

Dann verabschieden wir uns.

Literaturliste

Capra, F. (1983): Wendezeit.

Foerster, H. von (1993): KybernEthik.

Foerster, H. von, u. Glasersfeld, E. von (1999): Wie wir uns erfinden.

Furman, B. u. Ahola, T. (2004): Twin Star – Lösungen vom anderen Stern.

Geißlinger, H. (1999): Röhren-Glühen, in: Geißlinger, H. (Hg.): Überfälle auf die Wirklichkeit.

Grün, A. (2001): Das kleine Buch vom wahren Glück.

Luhmann, N. (1986): Systeme verstehen Systeme, in: Luhmann, N. u. Schorr, K. (Hg.): Zwischen Intransparenz und Verstehen.

Maturana, H. u. Varela, F. (1987): Der Baum der Erkenntnis.

Rotthaus, W. (1998): Wozu erziehen? Entwurf einer systemischen Erziehung.

Satir, V. (1975): Selbstwert und Kommunikation.

Simon, F. (2002): Meine Psychose, mein Fahrrad und ich.

Watzlawick,P., Beavin, J.H., Jackson, D.D. (1967): Menschliche Kommunikation.

Watzlawick, P. (1983): Anleitung zum Unglücklichsein.

Watzlawick, P. (1999): Die Konstruktion klinischer Wirklichkeiten, in: Watzlawick, P. u. Nardone, G. (Hg.): Kurzzeittherapie und Wirklichkeit.

Widmer, S. (1989): Ins Herz der Dinge lauschen.

Willke, H. (2000): Systemtheorie 1: Grundlagen.

Wittgenstein, L. (1963): Tractatus logico-philosophicus.

Zeig, J. (1985): Meine Stimme begleitet Sie überall hin. Ein Lehrseminar mit Milton Erickson.

Liste der Übungen

Liste der Praxisbeispiele

Über den Autor

Walther Cormann ist Diplom-Betriebswirt und Diplom-Psychologe und arbeitet seit 1979 selbstständig als Psychotherapeut, Berater, Coach, Supervisor und Lehrtherapeut. Er ist anerkannter approbierter Psychologischer Psychotherapeut und Systemischer Lehrtherapeut/DGSF.
Seine Praxiserfahrungen beruhen auf Tausenden von Therapie- und Beratungsstunden mit Kindern, Jugendlichen und Erwachsenen, Einzelpersonen, Paaren und Familien sowie mit Gruppen, Teams und Unternehmen. Er hat Weiterbildungen abgeschlossen in Kinderpsychotherapie, Paar- und Familientherapie, Körpertherapie, Gesprächspsychotherapie und Systemischer Organisationsberatung. Gemeinsam mit seiner Frau Sabine Cormann hat er 1989 das Psychotherapeutische Weiterbildungszentrum für systemisch-integrative Konzepte und 1994 die Firma ISMA, Institut für systemisches Denken und Handeln im Management, jeweils in Lindau am Bodensee, gegründet. Seitdem arbeitet er als Lehrtherapeut/DGSF, Business-Coach und Institutsleitung und hat in seinen verschiedenen systemisch-integrativen Weiterbildungsprogrammen über 1.500 TeilnehmerInnen qualifiziert.
Heute arbeitet Walther Cormann im gesamten deutschsprachigen Raum, führt u.a. Inhouse-Seminare durch, spricht auf Tagungen, organisiert seit 2004 das jährlich stattfindende ptzSymposium in Lindau mit internationalen ExpertInnen, veranstaltet Fachtagungen und Konferenzen.
In allen Arbeitsbereichen richtet er seine Aufmerksamkeit auf die Organisation der Selbstorganisation der Menschen, mit denen er zu tun hat. Hierdurch kann er dazu beitragen, die gewünschten Verbesserungen seiner Klienten und Kunden effizient und nachhaltig wirksam zu erarbeiten. Zu seinen Interventionsstrategien gehören, zusätzlich zu seiner verbalen Expertise, analoge, metaphorische, kompetenzen- und erlebnisaktivierende, kreative sowie spielerische Methoden. Er arbeitet außerdem vermehrt als Autor und produziert Lehr- und Lern-DVDs.

Fünf verschiedene Geschäftsbereiche sind unter der Firmierung **Cormanninstitute** zusammengefasst:

ptz cormann Psychotherapeutisches Weiterbildungszentrum für systemisch-integrative Konzepte mit den Weiterbildungsprogrammen in Lindau, Hamburg, Freiburg, Frankfurt und Stuttgart:
_ Systemisch-integrative und familienorientierte Kinder- und Jugendlichentherapie
_ Systemisch-integrative Therapie und Beratung mit Einzelpersonen, Paaren und Familien/DGSF-anerkannt
_ Systemische Supervision, Coaching und Teamberatung/DGSF-anerkannt
_ Aufbauweiterbildung Systemisch-integrative Kindertherapie/DGSF-anerkannt
_ Aufbauweiterbildung Systemisch-integrative Paar- und Familientherapie/DGSF-anerkannt

www.ptz.cormanninstitute.de

sbk cormann Schule für Beratungskompetenz mit Weiterbildungsprogrammen in Lindau, Konstanz, Freiburg, Hamburg und Rosenheim:
_ Systemische Beratung/DGSF-anerkannt

www.sbk.cormanninstitute.de

ISMA Institut für systemisches Denken und Handeln im Management mit Qualifizierungsprogrammen in Lindau und Frankfurt:
_ Systemisches Coaching und Organisationsberatung

www.isma.cormanninstitute.de

Praxis für systemische Psychotherapie und Beratung in Lindau:
_ Einzel-, Paar- und Familientherapien,
_ Beratungen und Coaching
_ Systemische Selbsterfahrung in der Gruppe

www.praxis.cormanninstitute.de

CIV CORMANNINSTITUTE VERLAG FÜR SYSTEMISCHE PRAXIS:
Unser Gesamtverzeichnis mit Büchern, Therapie-DVDs und Musik-CDs unter www.ptz.cormanninstitute.de